JN438450

의사도 아프다. 임만빈 의사가 전하는 삶의 변주곡

나는 엉덩이를 좋아한다

국립중앙도서관 출판시도서목록(CIP)

나는 엉덩이를 좋아한다 : 의사도 아프다. 임만빈 의사가 전하는
삶의 변주곡 : 임만빈 수필집 / [임만빈 지음]. -- [서울] : 수필과
비평사, 2013
p. ; cm

ISBN 978-89-98524-17-3 03810 : ₩13800

한국 현대 수필[韓國現代隨筆]

814.7-KDC5
895.745-DDC21 CIP2013000666

임만빈 수필집

의사도 아프다. 임만빈 의사가 전하는 삶의 변주곡

나는 엉덩이를 좋아한다

수필과비평사

■ 책머리에

원圓

책을 하나 더한다.

가슴속에 곱게 들어 있던 것이 빨간 살갗을 드러내고 세상에 발을 내민다.

천대받을 것 같아 안타깝다.

의사로서 첫발을 내디뎠던 때부터 정년을 맞은 때까지의 이야기다.

한없이 많은 꿈을 품었던 초년 의사시절의 이야기,

병들어 아파하며 타자의 아픔을 이해하고 공유했던 이야기,

내 눈에 비친 세상 사는 이야기가 주류를 이룬다.

탄생의 의미를 찾도록 눈길이 한번 활자에 스치기를 기원한다.

원圓 밖의 존재는 무슨 삶이나 슬프다.

투병 일기를 연재하도록 지면을 할애해 주시고 예쁘게 책을 만들어 주신 수필과비평사에 머리 숙여 감사를 드린다.

2012년 겨울

임 만 빈

차례

1
내 의사 삶의 초봄 이야기

2
나는 엉덩이를 좋아한다

3
의사도 아프다

4
새로 꾸는 꿈

5
삶의 소리

6
풍죽도風竹圖

1 내 의사 삶의 초봄 이야기

내 의사 삶의 초봄 이야기

웅크린 미래의 꿈들은 인생의 봄에 숨어 있다. 아지랑이 속에서 미래가 희미하게 보이는 계절, 꿈만 좇으면 잡을 것 같은 시기가 인생의 봄이다. 다가올 여름의 한낮, 삶의 치열한 열기만 생각하면서 오직 나아가기만 하면 모든 것이 이루어질 것 같은 시기. 아, 봄. 내 의사 삶의 초봄은 군의관 시절로 생각한다.

의과대학을 졸업하고 수련修鍊 없이 입대했던 나는 9주의 군의관 후보 훈련을 마치고 군모에 두 개의 밥풀떼기를 달고 의무지대醫務支隊에 부임했다. 위생병이 준비해주는 세숫물에 당황하고 건네주는 세수수건에 얼굴을 붉혔지만 한 달도 채 되지 않아 모두 사라졌다. 상관에 대한 당연한 대우라는, 편리함에 대한 향편성向便性 같은 적응으로, 아! 인간과 인간 사이에도 받드는 자와 받듦을 받는 자가 있다는 사실을 처음 경험했다.

얼마 되지 않아 계급장과 능력의 불일치를 경험했다. '사병들에겐 포경수술을, 주민이 출산할 땐 아기를 받아주는 대민봉사'라는 절벽이 내 앞에 있었다. "야야, 사단장님이 사병들에게 포경수술을 장려한다는 특별지시를 내렸다. 원하는 사병들을 데리고 올 테니 수술 준비를 해라." 어느 날 저녁 선임하사가 의무병들에게 말했다. 덜컥 겁이 났다. 포경수술하는 것을 한 번도 본 적 없이 입대한 내가 어떻게 수술을 한단 말인가!

의무병들은 열심히 수술 준비를 했다. 핀셋, 수술 칼, 가위 등을 소독기에 넣어 소독하고 수술포와 거즈 등을 준비했다. 사병이 침대 위에 누웠다. 의무병들은 수술기구들을 가지런히 수술포 위에 정리해놓고 내 얼굴을 흘끔거렸다. 수술을 시행할 단계다. 손에서는 땀이 물처럼 흘렀다. 답은 역시 계급장에 있었다. 선임하사가 말했다.

"야, 너 신임 군의관님 앞에서 수술을 해 봐. 수술이 정식인지 돌팔이인지 검정하시도록 말이야."

"휴." 안도의 한숨을 내쉬었다. 사병이 하는 수술을 감독관처럼 옆에서 관찰했다. 수술이 끝나자 태연하게 "자네 수술을 정식으로 잘했네. 대학병원에서 본 수술과 전혀 다르지 않네."라고 거짓말을 했다. 수련을 마치고 입대한 연대聯隊 군의관에게 수술을 배웠기 때문에 그의 방법도 틀리지는 않았다.

그 후 많은 포경수술을 했다. 한 번 수술하는 과정을 본 나는 해부학을 배운 관계로 다음부터 전혀 어려움 없이 수술을 시행할 수가 있었다. 그때의 선임하사가, 의무병이 어찌 내가 수술을 할 줄 모른다는 사실을 몰랐겠는가. 나와 똑같이 곤혹스러워했던 내 선임 군의관들의 모습을 참고로 해서 그렇게 내 고민을 풀어 주었던 것이 아니겠는가.

다음 문제는 아기를 받는 일이었다. 그때는 군대와 민간인들의 유대를 강화하기 위하여 군의 대민봉사를 강조했다. 주민이 아프면 의무병을 데리고 가서 진찰을 한 후에 가벼운 병이면 약을 투여해서 치료해 주고, 중한 병이면 읍에 있는 병원으로 보내곤 했다. 그렇지만 아기 받는 일은 공포의 대상이었다. 그 일도 위생병을 시켜놓고 옆에서 배울 수 있는 일은 아니지 않은가.

어느 날 선임하사가 슬쩍 이야기를 꺼냈다.

"군의관님, 아기 받는 것 아무 문제가 없어요. 연락이 오면 무조건 시간을 끄세요. 기구들을 소독하고 아기 받을 물품들을 천천히 준비하세요. 시간을 끌면 아기를 낳았다는 연락이 곧 올 것입니다."

"그래도 아기를 낳았다는 소식이 없으면 어쩔 수 없이 부탁한 집에 가서 산모를 업고 방 안을 이리저리 서성이세요. 부푼 산모의 자궁이 등에 자극받아 아기가 자연히 나올 겁니다. 그러면 아기를 받으면 돼요."

그 말의 진실성을 검증할 기회는 없었다. 누구 하나 아기를 받아달라는 요청을 해오지 않아서다. 아기를 낳은 일이 한두 번 있었지만 모두 읍내 병원에 가서 낳았다. 얼마 전 문득 그 일이 떠올라 산부인과 교수에게 물었다. 산모를 업고 뛰면 아기가 저절로 나오느냐고. 그 교수는 웃기만 하면서 답을 주지 않았다.

내 의사 생활의 초봄이 모두 이런 어수룩한 일로만 점철되었냐하면 꼭 그런 것만은 아니었다. 부대에 부임 초 한 가지 이상한 점을 발견했다. 저녁 시간이 되면 많은 사병들이 의무실로 몰려왔다. 밥맛이 없고 밥을 먹으면 토한다고 호소했다. 원인을 도저히 알 수가 없었다. 두개강 내 압이 높아 토하는 것 같지도 않고 위胃에 이상이 생겨 그런 것만도 아닌 것 같았다. 일단 진토제鎭吐劑를 처방하고 원인을 이리저리 생각하면서 사병들의 생활을 자세히 관찰했다.

내가 근무했던 군은 예비사단이었다. 유사 시 전투에 투입할 군대였다. 전방의 군대처럼 경계근무를 하는 것이 아니라 전투력 증강이 일차 목표였다. 훈련의 강도가 높았다. 매일 아침과 저녁으로 8킬로미터를 뛰고 달렸다. 아침 기상해서 뛰고, 저녁 일과를 마치고 귀대해서 달렸다. 그 긴 거리를 죽어라 뛰고 식사를 했던 것이다.

문득 과도한 운동이 사병들의 구토 원인이 아닐까 하는 생각이 들었다. 피로가 누적되어 밥맛을 잃고 흥분된 상태에서 급하게 식사를 함으로써 위에 부담을 주어 토할 것이라는 생각이 든 것이다. 며칠산 너 사병들을 관찰한 후 대대장에게 보고하고 건의했다. '매일 많은 사병들이 구토 때문에 의무대에 온다. 아침저녁 식사 전에 시행하는 과도한 거리의 구보가 원인이라 생각한다. 운동량을 줄이는 것이 좋겠다.' 건의는 즉각 받아들여졌다. 아침 구보는 2킬로미터의 거리로 짧아졌고 저녁 구보는 없어졌다. 사병들의 구토도 사라졌다.

내 의사 삶의 초봄은 군의관 시절이 확실하다. 처음으로 수술을 시행했고 그것을 시작으로 많은 수술을 지금까지 해 오고 있다. 첫 수술을 가르쳐주었던 선임 의무병, 나의 곤란한 입장을 잘 알고 그것을 비켜가도록 도와준 선임하사, 그리고 원인 모를 구토를 하면서 나에게 도움을 청했던 사병들도, 지금 생각하면 모두 나에게는 훌륭한 스승들과 동료였다. 이제는 그들도 노인이나 장년이 되어 과거를 한 번씩 회상해가며 살아가고 있을 것이다. 아, 그리운 내 초봄의 군의관 시절, 다시 한 번 더 맞이할 수만 있다면 얼마나 좋겠는가!

고추장 사건

1986년 캐나다에 연수를 갔다. 그때는 외국을 자주 나다니던 때가 아니었다. 외화 반출도 엄격히 규제해서 돈도 충분히 가져갈 수가 없었다. 연수할 병원에 국한해서 환자들을 치료할 수 있는 교육면허증(educational license)을 어렵게 받아서 캐나다 온타리오 주 런던 시에 있는 웨스턴 온타리오 대학병원에 갔다.

숙소는 병원에서 미리 준비를 해줘서 찾아가니 병원 바로 옆 민가였다. 조그만 창문이 도로 가로 나 있는 아주 작은 방이었다. 침대, 조그만 책상과 의자가 하나씩 있었으나 냉장고도, 방에 딸린 화장실도 없었다. 주인 여자와 인사를 나누고 화장실은 공동으로 사용하기로 했다. 주인 부부는 삼십대 중반으로 다섯 살 정도의 딸을 데리고 있었다. 남자는 성격이 쾌활하여 별 문제가 없었으나 여자는 가끔 멸시하는 태도를 보였고 미개인처럼 대하기도 했다.

런던이라는 도시가 크지 않기 때문에 처음에는 한국교민이 없을 것이라고 생각했다. 어느 날 편의점에 갔을 때였다. 한국사람 같은 분이 있어서 우물쭈물하고 있으니 한국에서 왔느냐고 물었다. 그렇다고 대답하고 나니 그렇게 반가울 수가 없었다. 그분에게서 교민들에 대한 정보를 얻었다. 약 삼십여 가구의 교민들이 살고 한국식료품 가게도 있다는 이야기를 들었다. 당장 쌀, 고추장, 김, 캔에 든 어리굴젓 등을 샀다. 그날 저녁은 포식을 했다. 얼마 만에 먹는 한국 음식이던가!

캐나다 백인들, 특히 의사들은 약속을 철저히 지켰다. 아침 여섯시 반만 되면 모두 한 손에 커피잔을 들고 당직실에 나타났다. 회진을 돌고 병상기록을 쓴 후 카페테리아에서 아침식사를 하면서 그날의 계획을 논의하고 당직의만 병실에 남겨놓고는 모두 수술실에 들어갔다. 수술방에는 마취 유도실이 따로 딸려 있어서 수술이 끝날 즈음이면 다음 환자의 마취가 시작되고, 수술한 환자가 밖으로 나가면 곧바로 다음 환자가 수술대에 올려졌다. 마치 공장에서 물건을 만들 듯이 연속적으로 수술을 시행했다. 그렇게 월요일부터 금요일까지 수술하고 회진하고 새로 입원한 환자들의 입원 병상기록을 정리하면 밤 11시경이 되었고, 그때서야 퇴근할 수가 있었다.

집에 돌아오면 온몸이 쑤시고 아팠으며 다리가 붓곤 했다.

날씨가 점점 더워지기 시작하던 6월의 어느 날이었다. 밤늦게 퇴근하니 주인 여자가 성난 고양이처럼 파란 눈에서 빛을 품어내면서 나를 맞이했다. 내 방에서 참기 힘든 냄새가 난다고 언성을 높이며 불평을 했다. 어리둥절하여 방 안에 들어가 보니 아뿔싸! 고추장이 끓고 있었다. 날씨가 더워지자 단지에 담긴 고추장이 끓어 냄새를 품어내고 있었던 것이다. 주인 여자에게 백배 사죄하고 고추장 단지를 버렸다.

그렇게 숨죽이며 생활하던 어느 날 밤중이었다. 누가 "닥터 임." 다급하게 부르는 소리가 잠결에 어렴풋이 들렸다. 엉겁결에 부르는 소리 쪽으로 급히 달려가니 주인 여자가 딸을 안고 어쩔 줄을 모르고 있었다. 아이를 보니 열이 펄펄 나고 열성 경련을 하고 있었다. 일단 주인 여자를 안심시키고 얼음과 찬물을 준비하도록 했다. 수건에 얼음을 싸고 찬물에 적셔서 아이의 이마와 몸을 닦아 주었다. 얼마 동안을 그렇게 하니 열이 떨어지고 아이의 경기도 멈췄다. 그 후에도 한 번 더 그런 일이 있었고, 두 번씩이나 그런 일을 당하고 난 후에는 나를 보는 주인 여자의 눈빛이 달라졌다. 미개인이 아니라 훌륭한 의사이고, 응급한 상태가 발생하면 제일 먼저 자기들을 도와 줄 사람처럼 보이는 것 같았다. 그 일 덕분으로 무사히 그 집에서 연수를 마칠 수가 있었다.

지금은 우리 병원에도 다른 나라에서 연수를 온 의사들을 흔히 본다. 우리 교실에도 아주 똑똑한 베트남의 젊은 의사가 와서 6개월을 열심히 배우고 돌아간 적이 있다. 몇 년 후 그가 베트남 신경외과학회에 초청해서 방문한 적이 있었다. 그는 그 병원, 아니 베트남 신경외과학회에서 주목받는 유능한 차세대 의사로 성장해 있었다. 학회가 끝나고 함께 식사를 할 때 그가 연수할 때의 우리 과科 선임 전공의에 대한 근황을 물었다. "한국에서 연수를 할 때 무척 외로웠어요. 특히 비가 오는 날이면 고향이 그리워 미칠 지경이었어요. 그때 선임 전공의가 소주병과 오징어를 들고 저를 자주 찾아 주었어요. 지금 생각하면 그것이 잊지 못할 만큼 고맙게 느껴져요. 그는 잘 있는가요?"

아, 그때 나는 그의 외로움을 간과하고 있었다. 캐나다에서 연수할 때 느꼈던 가슴을 깎아내는 듯한 외로움을 그가 느낄 것이라는 것을 잊었었고, 캐나다에서 당했던 유사한 일을 그가 우리나라에서도 당하고 있을지도 모른다는 생각을 전혀 하지 못했었다.

"그는 수련을 마치고 신경외과 전문의가 되어 다른 지방 종합병원에서 근무를 잘하고 있다. 당신의 근황에 대해서 그에게 이야기를 해주고 안부를 전하겠다." 그렇게 얼버무리고 식사를 마쳤다.

그렇다. 지금은 우리나라도 다국적 국가로 나아가고 있다. 우리보다 못사는 나라에서 신부를 데려와서 결혼도 하고 부족한 노동력을 수입해서 쓰기도 한다. 한번쯤 그들의 입장도 생각하고 특히나 내가 캐나다에서 당했던 것과 같은 그들의 자존심에 상처 내는 일은 없었으면 좋겠다.

내 쥐의 자손이라고요?

1970년대까지만 해도 CT나 MRI가 없고 맨눈으로 뇌수술을 해서 '수술을 받고 살면 다행이고 죽으면 본전'이라는 자조적인 말이 유행했었다. 1960년대 중반 스위스 야사길(Yasargil)교수가 신경외과 수술에 수술현미경을 처음 도입했다. 신경외과 의사들은 빠르게 그것을 수술에 이용하기 시작했다. 국내의 몇몇 병원에서도 1970년대 말 이용하기 시작했고 나도 1980년대 초에 사용하려고 했다.

그때 우리 병원에는 두 대의 수술현미경이 있었다. 하나는 아주 낡은 이비인후과 것, 다른 하나는 비교적 새것인 성형외과 것이었다. 성형외과 과장은 너무나 엄해서 그쪽으로는 눈길 한 번 줄 수가 없어 이비인후과 것에 눈독을 들였다. 그쪽도 호락호락하지는 않았지만 무슨 수술에 무슨 이유로 그것을 사용해야 하는지를 직접 설명하면 이비인후과 수술이 없는 경우 사용이 가능했다.

이비인후과에 새로운 수술현미경이 하나 더 도입되었다. 한 과科에 두 대의 수술현미경이 있게 돼 하나는 내가 사용할 수 있도록 배려해 줄 것으로 예상했다. 그렇지만 그것은 허무한 바람이었다. 새것이 수술실에 들어오던 날 헌것은 이비인후과 외래로 옮겨졌다. 수술에 필요하면 가져와 쓰도록 허가해 주겠다는 말을 선심 쓰듯이 하면서.

수술기술의 향상은 운동과 마찬가지로 끊임없는 연습을 요구한다. 직접 수술을 여러 번 해서 기술을 향상시킬 수도 있지만 유사한 조작을 동물에서 하면 똑같은 효과를 얻을 수가 있다. 동물실험을 하기로 결심했지만 수술현미경이 문제였다. 이비인후과 과장에게 요청을 해서 헌 수술현미경의 사용을 조건부 승인받았다. 일과시간이 끝난 저녁시간에 직접 수술현미경을 가지고 와서 실험하고 다음 날 출근하기 전에 직접 갖다 놓는다는 조건이었다.

일과가 끝나면 이비인후과 외래에서 수술현미경을 회의실로 옮겨왔다. 사용한 후 버린 수술용 장갑 중지中指 부위를 자른 다음 나무 스랍자를 안으로 집어넣어 팽팽하게 만들었다. 표면에 수술용 칼로 절개를 가하고 맨눈으로는 보이지 않는 가는 실험용 나일론실로 봉합을 했다. 절개된 면이 겹치지 않도록, 봉합한 실의 간격이 일정하도록 며칠 동안 수없이 반복했다.

다음 실험동물을 이용한 미세수술수기 연마를 시작했다. 목공부에서 책 넓이 정도의 널빤지를 얻어 네 곳의 모서리에 못을 박았다. 두 개의 못에 고무 밴드를 연결하여 쥐의 머리를 고정시킬 부위를 만들고, 다른 못에는 고무 밴드를 묶어 끝에 구부린 클립을 묶어서 견인기를 만들었다. 마취제는 약제과에 청구해서, 미세수술기구들은 사고, 기증 받고, 그리고 일부는 수술실에서 사용하다가 폐기처분한 것들을 이용했다.

그때 우리 학교에는 실험동물 사육실이 없었다. 토요일이면 자루를 들고 다른 대학에 가서 1주일 동안 사용할 흰쥐를 담아왔다. 마리당 5천 원 했는데 그때로써는 무시 못할 가격이었다. 한 번에 다섯 마리 정도를 구입해서 전공의 기숙사 지하실에 있는 약제과의 비어 있는 동물사육장에 넣어 사육했다.

일과가 끝난 저녁시간에 실험을 했다. 흰쥐를 자루에 담아 와서 마취제를 복강 내에 주입했다. 사나운 놈은 손가락을 물어뜯기도 했지만 약 기운이 몸에 퍼지면 스르르 눈을 감고 조용히 숨만 쉬고 있었다. 긴 앞 이빨 사이로 고무 밴드가 지나가도록 한 다음 양발은 테이프로 수술판에 붙여서 머리와 다리를 고정했다. 서혜부鼠蹊部에서 대퇴동맥을 찾아 자른 다음 실로 봉합하여 잇는 실험을 했다.

주위는 조용했다. 외래건물 전체에 실험하는 방에서만 불빛이 문틈으로 샜다. 실험에 몰두하고 있다가 순찰을 도는 직원이 문을 두드려 시계를 보면 새벽 2시, 서둘러 실험을 마치고 집에 도착하면 아내는 어디에서 무엇 하다 이제 오느냐고 투덜거리곤 했다.

그렇게 미세수술 수기를 연마했다. 주말, 휴일 그리고 평일에도 저녁마다 연습을 했다. 어떤 때는 스스로에게 묻기도 했다. 미친 게 아니냐고. 그렇지만 환자들을 수술할 때 미세수술 조작이 점점 쉽게 느껴지고 수술결과도 점차 좋아지자 실험을 계속했다. 쥐의 대퇴동맥 연결 수술 성공률이 거의 100%에 도달하자 차츰 자만이 생기고 게으름이 슬슬 몸속으로 스며들었다. 주말과 일요일에만 실험을 하다가 그것도 중지했다. 전공의 기숙사 지하실에 키우고 있던 쥐들도 잊어버렸다.

어느 날이었다. 전공의 기숙사 직원으로부터 전화가 왔다. 지하실이 온통 쥐들로 쑥대밭이 되었다고 했다. 아뿔싸, 기숙사의 지하실에 들어가니 재색의 쥐들이 정말로 난장판을 만들고 있었다. 흰쥐는 양순한데, 집쥐와 교배해 탄생한 재색의 쥐들은 집쥐의 성질을 고스란히 이어받아 사납고 행동이 민첩했다. 잡으려고 하면 잽싸게 도망가 쥐구멍으로 숨었고 잡힐 순간에는 손이나 발을 물었다. 도저히 어떻게 할 수가 없었다. 직원이 "교수님 쥐가 허술한 사육장을 빠져나와 자손을 저렇게 불렸다."라고 했다. 그럴 것이다. 내 사육장은 폐기 직전의 것을 얻어 쓴 것이 아니던가. 그렇지만 내 쥐의 자손이라고 인정한다면 어떻게 저것들을 처치한단 말인가. 세상의 모든 골치 아픈 일들은 시간이 처리하는 법, 동행한 직원에게 떼를 썼다. "어떻게 저 쥐들이 내 쥐의 자손이라고 단정할 수 있느냐? 자손이라는 이름이라도 써 붙였느냐? 다른 과의 쥐 자손이 아니라는 확실한 증거라도 있느냐?"

며칠 후였다. 다시 직원으로부터 전화가 왔다. 가슴이 뜨끔했다. 떨리는 손으로 수화기를 집어들으니 들으면 들을수록 기분이 좋아지는 음악 같은 소리가 들렸다. "쥐들은 모두 쥐약을 놓아 잡았어요. 한 백 마리 정도 되는 것 같았어요." 토요일, 이번에는 내가 그 직원에게 전화를 걸었다. "지금 점심시간이죠? 병원 앞 중국집으로 오세요. 자장면 한 그릇 살게요."

지금 우리 대학에는 정말로 훌륭한 시설을 갖춘 동물 사육실과 실험실이 있다. 요청만 하면 친절한 사육사가 언제나 실험할 동물을 준비해 주고 실험실은 언제든지 사용할 수가 있다. 그렇지만 한 번씩 실험실에 가보면 비어 있는 경우가 허다하고 수술현미경 밑에서 미세수술 수기를 연마하려고 애쓰는 전공의나 젊은 교수들도 발견하기가 쉽지 않다.

왜 이 글을 쓰는가? 배고픈 과거를 젊은이들한테 이야기하지 말자고, 빈곤의 단어만 들먹여도 진저리치는 그들을 붙잡고 더 이상 진부한 이야기는 하지 말자고 그렇게 벼르지 않았던가? 왜일까? 그것은 아직 내 가슴속에 애틋하게 남아있는 아릿한 기억, 과거 한때 내가 가졌던 열정을 가진 젊은이들을 보고 싶고 또한 내가 다시 한 번 더 그런 열정을 갖고 싶다는 꿈을 누군가에게 이야기하고 싶어서가 아닐까?

그녀의 발목에 천마天馬의 날개를 달면

한 달에 한 번씩 자매병원인 경주병원으로 진료를 나간다. 우리 병원에서 치료를 받았던 분들 중 경주에 사시는 분들의 편의를 봐주자는 것이 목적이다.

진료 중 한 환자가 왼편을 절뚝거리며 진료실로 들어선다. 병상 기록을 들쳐보다가 놀라 고개를 들고 그녀를 바라본다. 15년 전, 뇌종양 수술을 받았던 환자다.

"아이고, 그동안 어떻게 지냈어요? 어머니는요?"

"어머니는 고향집에서 잘 지내고 계세요. 저는 고등학교와 전문대학을 졸업하고 공무원 취직 시험을 준비하고 있습니다. 가정의학과에서 약을 타 먹다가 오늘은 선생님이 오신다고 해서 신경외과로 왔습니다."

약간 부끄러워하는 모습과 뺨에 만들어지는 예쁜 보조개는 옛날과 변함이 없었다.

그녀를 수술하던 때가 떠오른다. 중학교 2학년 때, 머리가 아프고 왼편이 점점 마비된다고 부모님과 함께 외래에 왔다. CT에는 오른쪽 측두엽 뇌에 경계가 명확하지 않은 뇌종양이 보였다. 심한 부종이 동반되어서 악성이라는 생각이 들었다. 환자를 물끄러미 바라보았다. 열다섯 살, 부끄러워하며 웃었다. 뺨에 깊은 보조개가 파였다.

수술은 쉽지 않았다. 출혈이 심했다. 여덟 시간 처절한 싸움을 했다. 결국 종양을 광범위하게 제거했다.

수술 후 왼쪽 반신의 마비가 약간 더 심해졌고 한 번씩 경련을 했다. 조직검사상의 진단은 악성인 뇌암이었다. 상태가 안정되자 방사선 치료와 재활 치료를 했다. 왼쪽 마비는 어느 정도 좋아져 다리를 절면서 걸었고 손은 물건을 잡는 데 지장이 있을 정도가 되었다. 그런 상태로 퇴원했던 것이다.

멍하고 있는데 이야기를 계속한다.

"선생님, 어젯밤에 꿈을 꾸었어요. 아름다운 꽃밭에서 정신없이 달리는 꿈이었어요. 한참 달리는데 경련하는 것이 아닌가 하는 생각도 들었습니다. 정신을 차려야 하겠다고 몸부림을 쳤는데 갑자기 선생님이 보였어요. 선생님의 손을 꽉 잡고 살려달라고 소리치는데 잠이 깼었습니다. 그래서 오늘 병원에 오니 마침 선생님이 진료를 나오셨네요. 오랜만에 교수님의 건강한 모습을 뵈니 반갑네요. 저의 생명을 구해주신 데 대하여 깊은 감사를 드립니다."

가슴이 아팠다. 얼마나 나에게 의존이 되었으면 꿈속에서까지 나를 붙잡고 살려달라고 애걸했겠는가. 15년 동안을 장애인으로 살아오면서 나를, 그녀의 운명을, 얼마나 원망하며 지내왔겠는가. 아픈 마음으로 그녀를 한참 동안 물끄러미 바라보다가, 항경련제의 종류를 바꾸고 용량을 증량해서 처방해주었다.

진료를 마치고 나니 그녀에 대한 생각 때문에 우울하다. 착잡한 심정을 달래려고 대능원 쪽으로 발걸음을 옮긴다. 대능원 안에는 배롱나무꽃들이 한창이다. 소나무, 대나무, 단풍나무, 봉분까지 모두 짙은 초록색인데 배롱나무꽃들만 피처럼 붉다. 걷다 보니 천마총 봉분 앞까지 왔다. 봉분이 머리 같다는 생각이 든다. 풀은 머리털이고 풀을 깎은 부위는 수술을 하기 위하여 머리털을 밀어버린 부위처럼 보인다. 그녀가 떠오른다. '생명을 구해 주셔서 감사하다.'는 말이 귀에서 울리기도 한다.

천마총 안으로 들어간다. 유물들이 이곳저곳 흩어져 있다. 발굴 당시 부장품의 위치를 재현해 놓은 것 같다. 얼마 전 신문에서 읽었던 천마총을 발굴했던 분과 어느 신문기자와의 대담 내용이, 그리고 문화재 해설자의 설명이 머릿속에 떠오른다.

대능원 안 능들의 발굴은 박 내통령의 지시로 이루어졌다고 한다. 발굴을 명령받았을 때 능을 발굴했던 경험이 전혀 없었던 학자들은 무척 두려움을 느끼고 일부 학자들은 발굴 자체를 반대하기도 했다고 전한다. 일본에서 발굴에 대한 자료와 자문을 얻고 황남대총보다 크기가 작은 천마총을 먼저 발굴해서 그 경험을 기초 자료로 삼아 유물들이 더 많이 매장되었을 것으로 추정되던 황남대총을 발굴하려 했다고 한다.

천마총 발굴에 참여했던 분이 신문기자와의 대담에서 이야기했던 말이 떠오른다. "천마총에 손을 대자 하늘이 갑자기 벌게졌다. 두려웠다. 서둘러 향香을 피워 무덤의 주인에게 예를 올렸다. 유물들을 보았을 때에는 가슴이 터질 듯한 환희와 두려움으로 몸이 떨렸다. 유물을 만질 때에는 마른하늘에서 천둥치는 소리까지 들렸다." "천마총의 능을 열어 천 년 넘게 고이 간직한 옛날 삶의 비밀을 세상에 털어놓게 하고 유택幽宅을 공개함으로써, 무덤 주인의 영혼을 하루도 편안히 쉬지를 못하도록 만든 것이 조금은 유감스럽게도 느껴진다."라는 감회와 회한이 기억된다.

결국 능을 파헤쳐 옛날 삶의 비밀을 알아내려는 것도, 두개골을 열고 뇌를 수술하는 것도 궁극적으로는 인간의 삶을 풍요롭게 하고 생명을 연장시키고자 함일 것이다. 토속적 신앙과 종교적인 관점에서 보면 천 년 동안 간직한 능을 열어 만천하에 공개하는 것과, 영혼이 들어있을 것 같은 두개골을 열고 수술하면서 뇌를 만지는 것은, 어쩌면 신과 영靈의 영역을 침범하는 행동처럼 보이기도 한다. 그래서 능을 발굴하는 자도, 뇌를 수술하는 자도, 고민과 번민을 하는지도 모른다.

예쁜 보조개를 뺨에 만들면서 쩔뚝거리던 그녀가 떠오른다. 문득 천마에서 날개를 떼어내어 환자의 왼쪽 발목에 달아주고 싶다. 천마가 갈기를 세우면서 비상하듯 그녀가 꽃밭같이 아름다운 세상 속을 마음껏 달리도록 말이다. 얼마나 간절히 꿈꾸었겠는가. 우리한테는 아무것도 아닌 그저 두 다리로 마음껏 달리는 것을!

네가 신경외과 의사가 되면

"너는 신경외과 의사가 될 자질이 없으니 신경외과 수련을 그만두도록 해라." 32년 전, 나는 머리를 푹 숙인 채 회의실의 책상 표면만 바라보고 있었다. 지난밤 꼭 1시간을 잤다. 그 전날은 2시간을 자는 둥 마는 둥 했다. 그래도 정신이 번쩍 들었다.

신경외과 수련을 막 시작한 나는 상급연차인 C선생과 함께 새벽 2시까지 환자들을 처리했다. 당직실에 돌아온 우리는 각각 침대에 쓰러졌다. 그때 전화벨 소리가 들렸다. 수화기를 귀에 대니 중환자실 간호사의 호출이었다. 간신히 일어나 중환자실로 가니 5일 전에 수술한 환자의 양쪽 눈동자가 커져 있었다. 환자의 상태가 심각하다고 판단했다. 당직실로 돌아와 C선생을 깨웠다. "선생님, 중환자실 환자의 눈동자가 벌어졌어요. 어떻게 하죠?" "음 음……." "선생님, 3번 환자가 위급합니다." C선생이 벌떡 일어났다. 눈이 벌건 그는 나를 한번 쳐다보더니 다시 쓰러졌다. 난감했다. 할 수 없이 환자가 맞고 있던 뇌압 낮추는 약을 한 번 더 주도록 지시했다. 그때 갑자기 환자의 숨이 멈췄다. 황급히 인공호흡을 시켰다. C선생이 뒤에 와 있었다. C선생한테 환자의 치료를 맡기고 중환자실 밖으로 나와 멍하니 창밖을 바라봤다. 신경외과에 들어와 첫 사망하는 환자를 경험하고 있는 중이었다. 거리는 희미하게 밝아가고 있었다.

전공의들은 회의실에서 지난밤 환자들한테 일어났던 일들을 과장님과 부과장님에게 보고하고 있었다. 5일 전에 수술한 환자가 갑자기 사망했다는 보고를 하자 부과장님의 얼굴이 일그러졌다. 그리고 앞에 언급한 "네가 신경외과 의사가 되면……." 하는 말씀을 하셨다. 조용했다. 천장에 붙어있는 형광등 불빛만 주황색 책상 위를 비출 뿐이었다. "잘못했으니 사과를 드려라." 과장님이 정적을 깨고 나에게 말을 했다. 뻑뻑한 눈까풀 끝이 축축해지는 것을 느꼈다. 아내를 생각했다. 15개월 된 딸도 생각했다. 약 30분간을 잘못했다고 빌고 용서를 얻었다.

신경외과를 그렇게 시작했다. 지금이었다면 환자의 머리 CT를 찍었을 것이다. 그러나 어쩌랴. 그때는 CT가 개발되지 않았던 30여 년 선의 일이 아니던가. 그 후 신경외과 의사로 생활한 30여 년 동안 그때 스승님들 앞에서 했던 약속을 지키려고 노력했다. 그렇지만 은퇴가 다가오는 지금 뒤돌아보면 불가항력적으로 내 손을 거쳐서 최선의 치료를 했으나 유명을 달리한 사람들, 장애가 남은 환자들도 있다. 그들의 모습이 한번씩 눈앞에 어른거린다. 그리고 그때 고개를 푹 숙이고 스승님들 앞에서 약속을 하던 내 모습도 가끔씩 떠오른다. 각박하게 변한 지금의 의료 현실에 마주칠 때는 더욱 그러하다. 아울러 그때 순수한 신경외과 의사의 길을 가르쳐주셨던, 이제는 모두 세상을 떠난 그때의 스승님들이 한번씩 미치도록 보고 싶을 때가 불쑥불쑥 찾아오기도 한다.

지신地神과 팥시루떡

"다시 척추천자를 해서 뇌척수액을 빼 주세요."

1977년 6월, 회진하면서 내리는 지시 사항을 빠르게 수첩에 적었다. 아무리 기억이 좋아도 바쁘게 뛰어다니다 보면 지시사항을 빠트리게 된다. 그러면 다음 회진 때 죽사발이 된다.

사십 세의 그녀는 제4뇌실에 낭미충 낭종囊尾蟲 囊腫을 가진 환자였다. 두통이 계속되고 구토를 하여 입원했다. CT나 MRI가 개발되기 전의 시대여서 뇌실조영술腦室照影術로 제4뇌실에 낭종이 존재하는 것을 발견했다. 낭종을 무사히 제거하고 중환자실에서 그녀를 치료하고 있었다. 실밥을 뽑을 때는 상처가 약간 부풀어 올라 있을 뿐 깨끗했다. 만져보니 물이 찬 듯 약간 말랑말랑했지만 '괜찮겠지.'

하면서 상처부위를 거즈로 덮었었다.

다음날 회진할 때였다. 수술 상처가 깨끗하게 낫고 있다는 것을 확인시켜 드리려고 머리에 씌웠던 모자를 벗겼다. 물로 거즈가 흠뻑 젖어 있었다. "환자를 어떻게 보느냐."라는 심한 꾸지람을 들었다. 뇌척수액이 삐져나오는 부위를 다시 봉합하라는 명령도 받았다.

물이 새는 부위를 봉합하자 하루는 괜찮았다. 다음날 확인하니 또 다른 부위에서 뇌척수액이 흘러나왔다. 그곳을 또 봉합했다. 하루가 지나자 또 다른 곳에서 물이 샜다. 그러자 뇌압을 낮춰줘야 뇌척수액 새는 것이 멈출 것이라는 설명과 함께 요추천자腰椎穿刺를 해서 뇌척수액을 한 번씩 빼주라는 명령을 받았다.

요추천자를 해 본 사람은 알 것이다. 환자는 먼저 긴 척추천자 바늘을 보는 순간 기가 죽는다. 부분마취를 한다 해도 마취 바늘을 찌를 때 아프고 마취제를 주입할 때도 아프다. 천자가 한번 만에 성공하면 다행이지만 여러 번 등을 찌를 때도 있다. 그럴 때마다 환자는 무척 괴롭다. 그런 척추천자를 2일 내지 3일에 한 번씩 하라는 명령이다.

환자를 옆으로 눕도록 하고 다리를 굽혀 배에 붙이도록 한 후 긴 바늘을 등에 찔러 넣었다. 바늘 끝이 천을 뚫는 기분과 함께 환자가 움칠하면 바늘이 요추강에 들어간 것으로 확신하고 약 30cc정도의 척수액을 뽑아 주곤 했다. 매번 환자, 나 그리고 환자를 붙잡고 있는 인턴 선생의 옷은 땀에 흠뻑 젖곤 했다.

한 번 시행하면 이삼 일은 괜찮았지만 다시 물이 새서 또 척수액을 뽑아줘야 했다. 환자도 괴로웠지만 나도 괴로워서 정말로 할 짓이 아니었다. 천자도 한번 만에 성공하면 다행이었지만 어떤 때는 수없이 여러 번 반복해야 했다. 환자는 신음소리도 마음대로 못 내면서 고통을 참아내야 했다.

어느 날 천자가 잘 되지 않아 땀을 뻘뻘 흘리고 있던 때였다. 환자가 갑자기 "차라리 죽으면 죽었지 더 이상은 못하겠다."라고 거부했다. 나는 당황해서 "상처부위에서 뇌척수액 나오는 것이 멈추지 않으면 세균들이 머릿속으로 들어가 생명이 위험하니 이번 한번만 더 하자."라고 달랬다. 차라리 감염되어 죽겠다고 고집을 부리다가 결국 끈질긴 설득에 천자를 허용했다.

그날 이후 고민이 시작되었다. 뇌척수액이 다시 새면 또 척추천자를 강요할 수가 없었다. 그렇게 되면 환자가 위험할 뿐만 아니라 나도 무진장한 꾸지람을 들을 것이다. 아득했다. 그때 문득 〈노르만디 상륙작전〉이란 영화의 한 장면이 떠올랐다. 지프차가 가지 않자 영국군 장교가 그것을 발로 차니 달려 나갔다. '그래. 환자를 침대에만 눕혀 놓지 말고 운동을 시켜보자. 휠체어에 태우고 한 번 병실 밖 복도로 나가 창밖을 보게 하자. 세상은 아직 살 가치가 있을 만큼 아름답다는 것을 보여주자.' 거의 한 달간 햇빛을 보지 못해 파리해진 그녀를 휠체어에 태우고 중환자실 밖으로 나갔다. 창밖으로 시장풍경을 보고 물건 파는 상인들을 구경하는 행인들의 모습도 보도록 했다.

운동을 시작한 후부터 뇌척수액이 더 이상 흘러나오지 않았다. 무슨 심오한 학문적 근거를 가지고 그렇게 한 것은 아니었지만 휠체어를 타고 앉아 있으니 머릿속의 압이 떨어져 상처부위에서 뇌척수액이 흘러나오지 않았던 것이다. 그 후 며칠 더 입원했던 그녀는 나는 듯이 걸어서 퇴원했다.

약 3개월이 지난 어느 날 그녀가 병실로 찾아왔다. 감사하다는 말과 함께 보자기에 싼 묵직한 물건을 놓고 갔다. 보자기를 풀어보니 커다란 양은그릇에 팥시루떡이 가득 담겨있었다. 모든 신경외과 식구들이 그 떡을 나눠 먹었다. 짭짤한 인고忍苦의 땀의 맛을 느끼면서.

지금쯤 그녀는 할머니가 되었거나 이 세상을 떠났을 수도 있다. 머리가 아파 전국병원을 돌아다녔어도 원인을 찾지 못하고 있다가 우리 병원에 와서 고쳤다고 그렇게 감사하던 그녀, 30여 년이 지난 지금 왜 그녀가 많은 떡 중 팥시루떡을 해 왔는지 의문이 생겼다. 설에 노모에게 팥시루떡에 대하여 여쭈어보았다. 어머니는 신이 나서 말씀하셨다.

"애야. 팥시루떡은 제사상에는 놓지 않는 법이다. 가을에 추수가 끝나면 지신地神과 산신령에게 수확을 감사 드리기 위하여 뒤뜰에 쪄 놓는 떡이다. 풍성한 추수를 감사 드리고 동네 사람들과 사이좋게 나누어 먹는 음식이다."

어릴 적 추수가 끝난 늦가을, 어머니가 시루떡을 쪄서 뒤뜰에 놓고 지신과 산신령에게 절을 하던 모습이 떠올랐다. 예식이 끝나면 우리들은 떡 한 대접씩을 동네집에 돌렸었다.

그녀도 아마 우리에게 지신만큼 감사함을 느껴 그렇게 많은 시루떡을 가져왔을지도 모른다고 생각했다. 지금 회상하면 그것은 아침에 풀잎 끝에 맺혀있는 이슬방울에 햇빛이 비칠 때 나오는 빛처럼 맑고 아름다운 추억이다.

인공호흡에 관한 어떤 기억

“임 형, 이제는 도저히 더 못하겠어요. 이 짓이 무슨 의미가 있습니까?”

우리 과科에 인공호흡기가 없던 1977년 어느 날, 인턴 J선생이 나에게 주무르던 앰부 백을 넘겨주면서 말했다. 벌써 닷새째 인공호흡을 시키고 있었다. 새벽 다섯 시, J선생은 비틀거리며 일어나 충혈된 눈을 비비면서 인턴 숙소로 향했다. 그는 한두 시간 눈을 붙인 후 다시 이곳으로 와서 나와 교대를 해야 할 것이다. 전공의 일 년 차인 나는 아침에 회진 준비를 해야 하고 다른 환자들의 처방을 내야 하기 때문이다.

닷새 전 서른일곱의 남자가 밤 11시경에 응급실로 실려 왔다. 동행한 경찰관은 그가 길거리에 쓰러져 있어 데려왔다고 했다. 환자의 한쪽 동공은 이미 커질 대로 커져 있었다. 간호사에게 급히 경동맥 뇌혈관조영술 준비를 부탁했다. 상급 연차인 정 선생에게 연락을 취하고 환자의 이동침대를 급하게 이끌고 뇌혈관촬영실로 갔다.

뇌혈관촬영 준비를 할 때 정 선생이 환자의 눈동자를 한 번 더 확인하면서 반대 측 눈동자도 커져가고 있다고 말했다. 조급한 마음으로 혈관촬영용 바늘을 경동맥頸動脈 내로 신속하게 찔러 넣었다. 스타일렛을 뽑자 피가 확 솟구치며 얼굴과 안경알에 뿌려졌다. 조영제가 담긴 주사기를 혈관촬영용 바늘에 연결하고 "레디(ready)", "원(one), 투(two), 슛(shoot)", 고함치며 조영제를 밀어 넣었다. 촬영기사가 찰칵 하고 엑스레이 광선을 보냈다.

정 선생은 현상액에 잠겨있는 필름을 들어올리고 전등불에 비춰본 후 수술 스케줄을 냈다. 나와 J선생은 환자를 다시 응급실로 데리고 와서 수술 승낙을 받으려고 환자 보호자를 찾았다. 삼십대 중반의 여인이 머뭇거리며 다가왔다. 부인이라고 했다. 그녀에게 환자의 상태가 심각하고, 지금 당장 수술을 해야 하며, 수술을 한다 하더라도 생명을 구할지가 불확실하다고 설명했다. 그녀는 질린 얼굴로 나를 한참 동안 멍하고 쳐다보다가 눈물을 흘리면서 수술 승낙서에 지장을 찍었다. 환자는 이미 수술실로 들어가고 있었다.

탈의실에서 황급히 수술복으로 갈아입고 수술실 안으로 들어갔다. 정 선생이 수술 부위를 소독하면서 빨리 손을 씻고 들어오라고 재촉했다. 수술 가운을 입은 후 J선생이 들고 있던 흡입기吸入器를 받아들었다. 환자의 두개골을 들어올리니 뇌경막腦硬膜 밑으로 검푸른 혈종血腫이 보였다. 경막을 칼로 절개하니 핏덩이가 솟구치며 삐져나왔다. 혈종을 제거하는 동안 뇌가 밖으로 솟아올랐다. 뇌압을 낮추는 약을 주입하고 과호흡過呼吸을 시켰으나 효과가 없었다. 두개골을 더 제거해서 간신히 두피를 당겨 뇌를 덮고 봉합했다. 참담했다. 시계는 새벽 4시를 가리키고 있었다.

환자를 중환자실로 옮기고 보호자를 찾으니 열댓 명이 모였다. 환자가 소생할 가능성이 희박하다는 점을 솔직하게 말씀드렸다. "안 돼, 안 돼." 환자 부인이 내 가운을 붙잡고 쓰러졌다. 일부 보호자들은 그녀를 돌보고 일부는 나를 둘러싸면서 위압적으로 수술 과정상 문제가 없었는지에 대해서 따졌다. 수술 전에 환자의 상태가 무척 중했다는 점을 강조했으나 그들은 그때의 상황을 쉽게 받아들이려고 하지 않았다. 저녁때까지 멀쩡하던 환자가 지금 내가 사망할 상태라고 설명을 하니 그럴만 하다는 생각도 들었다. 나의 끈질긴 설명에 그들은 결국 납득하고 쓰러져있는 부인을 데리고 중환자실에서 나갔다.

환자의 호흡은 다시 돌아오지 않아 계속 앰부 백을 주물러 인공호흡을 시켜야 했다. 낮 동안에는 J선생이 주로 그 일을 했다. 나는 저녁 10시경이 되어서야 그를 교대해 줄 수가 있었고 그것도 새벽 2시까지만이었다. 낮과 저녁, 나는 다른 환자들을 돌보아야 했고 또 다음날 정상 근무를 해야 했기 때문이었다. 새벽에 교대하러 오는 J선생의 눈은 항상 벌겋게 충혈되어 있었다. 저녁 10시에 자고 새벽 2시에 다시 오라고 했으니 옳게 잠을 잘 수가 있었겠는가?

그렇게 닷새째 앰부 인공호흡을 시키고 있던 나와 J선생은 그동안 거의 잠을 자지 못했다. J선생은 그 환자에게 인공호흡을 시켜주는 의미에 대하여 나에게 여러 번 물었다. 나도 그 의미를 상급연차 전공의나 스승님들에게 묻고 싶었다. 그렇지만 그렇게라도 인공호흡을 시켜드리는 것이 그 상황에서는 최선의 치료이며 또한 우리들이 해 줄 수 있는 마지막 도리라고 생각했기 때문에 그 질문을 하지 못했다.

결국 환자는 일주일 만에 심장이 멈췄다. J선생도 신경외과 스케줄을 끝내고 다른 과로 이동해 갔다. 환자가 흰 천에 싸여 영안실로 옮겨질 때, 너무나 슬프게 울던 환자의 부인이 중환자실을 나가려다가 내게 다가와, "그렇게 열심히 수고해 주셔서 감사합니다."라고 말한 후 떠나갔다. 나도 눈물이 핑 돌아 그 모습을 간호사들에게 들키지 않으려고 눈길을 창밖으로 돌렸다. 밖은 그 전날과 똑같이 햇빛이 밝게 비치고 있었다.

토끼를 닮아 슬픈 환자

원내 전화번호 290번, 독립된 건물에 있던 전공의 당직 숙소의 전화번호였다. 입구에는 조그만 탁자가 하나 있고 위에는 검은색을 띤 전화기 한 대 놓여 있었다. 그때는 전화가 드물었던 시대여서 전공의를 찾는 전화는 모두 그 전화기로 왔다. 직원 둘이 전화를 받았는데 24시간 교대로 근무를 했다. 병실이나 응급실에서 전공의를 찾는 전화가 오면 가까운 방에 있는 사람은 잠깐 기다리라는 말을 하고 크게 이름을 불러 찾았고, 먼 방에 기거하면 잠시 전화기를 내려놓고 방까지 가 전화가 왔음을 알리곤 했다. 전화기는 하루 종일 울리고 밤새 울렸다. 좀 여유 있는 시간이라면 오전 시간대였을까? 그때만 잠깐 조용했다.

전공의의 당직실은 계절에 따라 바뀌었다. 겨울에는 난방 연료를 아끼기 위하여 구 건물 병실 일부를 사용했고, 늦봄에서 초가을까지는 앞에 언급한 독립된 건물을 사용했다. 신경외과 당직실은 동절기에는 구 건물 사층 병실 방을, 하절기에는 독립된 건물 이층 방을 사용했다. 동절기 때에는 독립된 전화기가 당직실에 있어 문제가 없었으나 하절기 때에는 독립된 건물의 공용 전화로 신경외과 당직의를 찾는 전화가 하도 많이 와서 전화를 받는 직원은 무척 곤혹스러워 했다. 그들은 언제나 툴툴거렸다. 신경외과 당직의를 찾는 전화만 없으면 이곳에서 백 년이라도 근무하고 싶다고. 그리고는 덧붙였다. 병원 주위 시장 상인들도 일 년 차인 내 이름을 잘 안다고. 호출기도, 핸드폰도 없던 시대, 전공의를 전화로 못 찾으면 방송을 했는데 나를 찾는 소리가 매일 병원 안팎으로 퍼져 상인들이 자연히 내 이름을 알게 되었다는 이야기다.

일 년 차를 마쳐가던 2월 말경 새벽에 전화받는 직원이 문을 노크했다. 반쯤 떠진 눈을 비비며 방문을 열자 중환자실에서 나를 찾는 전화가 왔다고 했다. 슬리퍼를 끌면서 일층으로 내려가 전화를 받았다. 환자 보호자가 중환자실에서 소란을 피우니 빨리 오라고 했다. 창문 커튼을 젖혔다. 이른 새벽, 창에 덮여 있던 어스름이 천천히 소멸되며 등나무 줄기의 모습이 눈으로 들어왔다. 등나무 줄기가 나의 몸을 조이는 듯한 기분이 들어 가운을 걸치고 급히 중환자실로 갔다.

중환자실은 어수선했다. 뇌농양 환자의 보호자가 고함을 치고 있었다.

“수술도 한두 번 해야지. 다섯 번째야. 그래도 좋아. 애만 회복한다면. 그런데 애를 보라고. 저렇게 식물인간이잖아. 어떻게 살려 낼 거야? 음, 너 잘 왔다.”

중환자실로 들어서자 공격 목표물을 발견한 맹수처럼 나에게 달려들었다. 다른 보호자들이 그를 붙잡았고 간호사들이 나를 둘러쌌다. 어리벙벙한 나는 간호사들에게 왜 그러느냐고 물었다. 입원비 때문에 어젯밤 늦게까지 고민하다가 조금 전에 술에 취해 돌아오셔서 저렇게 소란을 피운다고 대답했다. 뒤따라 들어온 상급 연차 전공의가 그를 달래면서 조용한 데 가서 이야기하자며 데리고 나갔다.

선천성 심장병을 가졌던 열여섯 살의 뇌농양 환자. 파란 입술을 가지고 혼수상태로 응급실에 실려 왔었다. 응급으로 뇌혈관 촬영을 하고 두개골을 열었다. 굵직한 천자 바늘을 뇌 안으로 집어넣자 쏟아지던 고름. 한 병, 두 병, 세 병, 네 병……. 채워지던 시험관 유리 병들.

수술 후 환자는 호전되어 부모는 무척 기뻐했다. 그렇지만 며칠 후 다시 상태가 악화되어 뇌혈관 촬영을 해야 했고 반대 측에 새로 생긴 고름 주머니를 발견했다. 수술을 다시 해야 한다는 설명을 드리자 보호자는 엄지손가락을 떨면서 수술 승낙서에 손도장을 찍었다. 환자는 수술을 받고 다시 호전되었으나 이번에는 처음 수술한 부위로 감염된 뇌 조직이 삐져나왔다. 다시 수술……. 이번에는 반대 측의 수술부위에서 고름이 터져 나왔다. 다시 수술. 환자는 점점 식물인간 쪽으로 옮겨갔고 입원비는 쌓여갔으며 환자 가족의 표정은 점점 더 고통스러운 어두운 표정으로 변해갔다. 양쪽 머리뼈를 버린 수술 부위로는 두피에 덮인 뇌 조직이 솟아올라 마치 두 귀를 세우고 있는 토끼의 모습 같았다.

결국 환자는 두 달여 치료받다가 사망했다. 사회사업과의 도움으로 상당액의 입원비를 탕감해 주었지만, 그래도 치료비는 아마 가정을 파산시킬 수 있을 만큼 많이 나왔을 것이다. 만약 환자가 의료보험이 시행되는 요즈음 병원에 왔었다면, CT와 MRI가 이용되는 현대에 태어났었다면, 탁월한 항생제를 사용할 수 있는 지금이라면, 그 환자는? 그 환자 보호자는? 그리고 그 환자 가족들의 삶은 어떻게 변했을까?

그로부터 삼십여 년이 흐른 요즈음, 왜 그런 전공의 시절의 일들이 뜬금없이 한 번씩 머릿속에서 툭툭 튀어나오는지 모르겠다. 미지에 대한 희망의 꿈이 바다같이 펴져있던 그 시절이 그리워서일까? 꿈, 꿈을 다시 꾸고 싶다. 푸른 하늘에 떠 있는 뭉게구름처럼 잡을 수 없다는 것을 훤히 알면서라도, 잡는 시늉을 할 수 있는 그런 꿈을 꾸고 싶다.

파키스탄에서

1999년 아세아－오세아니아 신경외과학회가 파키스탄의 라호르에서 개최되었다. 학회 시작 바로 직전에 뮤샤라프 육군참모총장이 쿠데타를 일으켰다. 학회를 참석하려 했던 많은 사람들이 당황했다. 회장은 파키스탄은 안전하다고, 질서는 잡혀있다고, 안전한 분위기에서 학회를 할 수 있다고 전자편지를 보내오고 또 보내왔다. 그렇지만 그 말만을 믿고 학회에 참석하기가 쉽지만은 않았다. 고민하다가 결국 동료 교수와 같이 참석하기로 결정했다. 이번에 파키스탄을 가지 않으면 평생 갈 기회가 없을 것 같은 생각이 들어서였다.

라호르에 도착해서 비행기를 내리는 순간 숨이 콱 막혔다. 뿌연 공기가 하늘을 가리고 있었다. 1970년대 초 서울 하늘을 연상시켰다. 공항은 군인들이 삼엄하게 지키고 있었다. 학회참석자를 안내하는 팻말을 따라가니 VIP실로 인도했다. 학회 회장이 우리를 반갑게 맞이하며 음료수를 권했다. 난생처음 공항의 VIP실을 통해 입국하는 경험을 했다. 입국수속을 해주는 공항직원들도 무척 공손했다. 군인들이 삼엄한 경계를 펴서 일행을 보호해 줬다.

학회는 예정대로 진행되었으나 많은 초청 연자들이 오지 않았다. 발표 연제가 중간 중간 빠졌고 발표수준도 많이 떨어지는 학회가 되었다. 그래도 학회는 진행되었고 토론도 활발히 이루어졌다. 총을 든 군인들이 학회장 근처 및 호텔 승강기 입구에서 철저한 감시를 펼쳐줬다.

목요일 저녁이었다. 호텔 프런트로부터 찾아온 사람이 있다는 연락을 받았다. '나를 찾아 온 사람이 이곳에 있다니?' 의아해하며 프런트로 내려갔다. '누가 찾아왔나.' 하고 두리번거리니 어떤 한국사람이 다가와서 내 이름을 확인했다. 맞다고 하니 남편이 뇌출혈로 병원에 입원해 있는데 내가 학회에 참석하고 있다는 이야기를 듣고 찾아왔단다. 남편을 진찰해 주고 어떻게 치료를 받으면 좋을지 조언해 달라고 했다.

함께 남편이 입원해 있다는 병원으로 갔다. 환자를 진찰하고 CT 사진을 검토하니 뇌동맥류가 파열되어 지주막하출혈을 일으킨 환자였다. 파열된 뇌동맥류는 재출혈 위험이 높기 때문에 가능한 빠른 시간 내에 수술이나 혈관내 수술 방법으로 치료해 주어야 한다. 부인에게 이야기했다. "매우 위험한 병이다. 재출혈하면 사람의 생명을 잃을 수도 있다. 수술을 해야 하는데 이 병원 시설로는 힘들 것 같다. 내일 학회장에서 파키스탄 신경외과 의사들과 만나 상의해 보겠다."라고.

다음날 파키스탄 신경외과 교수와 만나 환자에 대한 이야기를 했다. 파키스탄 교수는 호의적이었다. "나는 신경외과 수련을 영국에서 받았다. 뇌동맥류 수술에 많은 경험을 가지고 있다. 당신도 그 수술에 많은 경험을 가지고 있을 것이다. 우리 대학병원에서 수술한다면 모든 편의를 제공하겠다. 당신이 집도의가 되고 내가 조수로 돕겠다."라면서 나를 도와 줄 뜻을 분명히 했다.

학회가 끝나자 환자가 입원해 있는 병원으로 다시 갔다. 파키스탄 교수와 상의한 결과를 환자와 그의 부인에게 말씀드리고 치료를 파키스탄에서 받을 것인지 귀국해서 받을 것인지에 대하여 물었다. 환자는 단호히 귀국해서 치료를 받겠다고 대답했다. 그러면 두 가지 중대한 위험을 감수해야 했다. 재출혈과 혈관연축이었다. 혈관연축은 뇌동맥류파열 환자에서 흔히 일어나는 합병증으로 혈관이 좁아져서 뇌에 가는 혈류가 감소함으로써 한쪽 수족을 못 쓰게 되거나 심하면 생명을 잃기까지 한다. 나는 그 점을 환자에게 한 번 더 설명하고 그런 위험을 무릅쓰고라도 귀국해서 치료를 받겠느냐고 다짐을 받았다. 환자는 그래도 귀국해서 수술 받기를 원했다.

학회를 끝내고 귀국하는 날이었다. 환자에게 뇌혈관연축이 왔는지 언어 장애와 우측 반신 마비가 시작됐다. 수액 공급의 속도를 증가시키고 병원의 의사에게 부탁하여 충분한 양의 수액도 준비했다. 그들은 귀국해서 내가 환자를 수술해주기를 바랐지만 나의 근무지는 대구여서 연세대학에 연락했다. 공항에 도착하는 시간을 알려주고 구급차를 대기시키도록 부탁했다.

환자가 탄 구급차에 동승해서 라호르 공항으로 출발했다. 환자에게 수액 공급을 최대한 계속했다. 뇌혈관연축이 오는 시기에 재출혈율은 떨어지지만 뇌경색이 발생하여 사망할 수도 있고 장애가 생길 수도 있어 잠시도 마음을 놓을 수가 없었다. 조마조마한 마음으로 환자의 상태를 수시로 점검했다. 라호르 공항에서 환자는 지게차에 태워져 비행기의 비상구를 통과하여 탑승했다.

긴장은 비행기 안에서도 계속되었다. 혈압이 떨어지거나 수액공급이 부적절하면 혈관연축 증상이 악화되고, 수액을 너무 많이 공급해주면 폐부종이 오고, 혈압을 너무 올리면 뇌동맥류가 재출혈할 수가 있다. 동료 교수는 환자 곁에 앉아 수액 공급 상황을 면밀히 주시하면서 혈압을 수시로 측정하여 나에게 알려주었다. 다행스럽게도 비행하는 동안 환자의 수족 마비는 악화되지 않았다. 환자나 그의 부인도 무척 불안해했지만 나와 동료 교수도 초긴장상태였다.

드디어 비행기가 김포공항으로 접근했다. 손안에서는 땀이 계속 삐져나왔다. 재출혈하는 것은 한순간의 일이다. 수술예정이었던 환자가 "다 나았는데 무슨 수술을……." 하면서 침대에서 벌떡 일어나다가 갑자기 재출혈하여 사망한 경우도 경험한 적이 있다.

하강하던 비행기가 덜컹 활주로에 내려앉았다. 창밖으로 병원 구급차의 모습이 보였다. '아! 환자는 살 수가 있겠구나.' 안도의 한숨이 저절로 나왔다. 환자는 급하게 구급차로 옮겨졌다. 차는 사이렌 소리를 맹렬하게 울리며 공항을 빠져나갔다. 그 뒷모습을 바라보면서 수술이 성공적으로 이루어져 환자가 완쾌되기를 마음속으로 빌었다.

그 후 연세대학 신경외과 교수로부터 수술은 성공적으로 이루어졌다는 연락을 받았다. 약 한 달 정도 지난 후에는 환자로부터 생명을 구해 주셔서 감사하다는 전화도 받았다. 순간 파키스탄 라호르 시가지의 풍경이 머릿속에 아련하게 떠올랐다.

2 나는 엉덩이를 좋아한다

나는 엉덩이를 좋아한다

산을 오른다. 산을 넘어 지하철을 타고 출퇴근한다. 큰 병을 앓고 나서 건강을 되찾기 위해서 선택한 방법이다. 시간이 좀 걸리지만 걷고 나면 기분이 상쾌해진다.

몇 발짝 앞서 부부로 보이는 두 사람이 산을 오르고 있다. 계단으로 된 오르막에서는 손을 잡아 서로 이끌기도 한다. 그들의 뒷모습을 보는 것이 참으로 좋다. 한 가정의 평화를 보는 듯도 하다. 아니 꼭 그래서만은 아니다. 원래 나는 사람의 뒷모습 보는 것을 좋아한다. 예쁘게 깎아내고 덧붙인 얼굴이 있는 것도 아니고, 모양 좋게 만든 유방이 있는 것도 아니며, 억지로 만든 가식의 웃음이 존재하는 것도 아니어서 좋다.

뒷모습 중에서도 엉덩이의 모습을 특히 좋아한다. 오해를 받을 만한 말이지만 그래도 어쩔 수 없다. 흔히 미인의 조건으로 가는 허리를 들먹이는데 개미 같은 허리도 보름달 같은 엉덩이가 뒷받침해 줘야 풍성한 미인의 모습이 완성된다. 가는 허리만 있어서는 빈약한 모습일 뿐 풍만한 미인의 모습을 그려내지를 못한다. 그럼에도 불구하고 미인을 언급할 때 엉덩이가 들먹여지는 일은 드물다. 얼굴과 몸매만 강조된다. 몸매 구성에 허리와 엉덩이가 중요한 역할을 하는데도 말이다.

남자의 엉덩이도 매혹적이긴 마찬가지다. 어렸을 적 여름이면 한더위를 식히기 위해서 연못에서 미역을 감곤 했었다. 그때 빨리 물에 뛰어들기 위하여 먼 곳에서부터 옷을 벗어 한 손에 들고 바람개비처럼 돌리면서 숨이 차도록 달려가면 솟아오르는 땀은 한낮의 태양빛에 반짝였고 엉덩이는 팔딱거리며 솟아올랐다. 그 자그마한 엉덩이는 얼마나 앙증스럽고 신선했던가. 하지만 학교에서 벌을 받을 때는 매를 맞는 부위이고 아파서 주사를 맞을 때에는 바늘에 찔리는 부위가 바로 엉덩이였다.

청년 시절의 궁둥이는 무척 아름다웠지만 미美에만 관심을 둘 수가 없었으니 삶이 빡빡하고 미래가 불확실했기 때문이다. 인고의 시간, 그 길이와 강도에 따라 미래의 삶이 결정된다고 믿었기에 대부분의 시간을 의자에 앉아 보냈다. 확고한 몸의 받침판이 필요했다. 엉덩이가 그 역할을 했다. 진물이 생기고 못이 박혀도 엉덩이는 미련스럽게 참았다. 그래야 받들고 있는 몸이 미래에 조금이라도 더 풍요로울 것을 아는 듯이 말이다.

처녀의 엉덩이를 생각하면 귀엽고 아름답고 사랑스럽다는 말이 먼저 떠오른다. 손으로 쓰다듬으면 꽃잎처럼 보드라울 것 같지만 언감생심焉敢生心, 치한으로 몰릴 가능성이 십중팔구다. 굽 높은 구두를 신고 앞에서 또닥또닥 걸어가는 처자處子의 모습을 보라. 그가는 다리 위에서 불쑥 솟아오른 두 개의 동그라미는 나비의 날갯짓처럼 걸음을 옮길 적마다 경쾌하다. 두 둔덕의 율동은 마치 어린 손녀가 춤추는 것처럼 깜찍해서 박자에 맞춰 따라 하고 싶은 충동을 일으키기도 한다.

여성의 가장 일반적인 본질은 생산과 키워냄이라고 하면 여성들에게 몰매 맞을까. 단순히 동물적 차원으로 말하면 암컷의 아름다움은 수컷을 유혹하기 위한 수단이라 할 수 있다. 수단이 본질을 앞설 수는 없다. 넓고 푸짐한 엉덩이가 가냘프고 앙증스런 엉덩이보다는 생산능력의 우월성을 암시한다. 어머니들은 며느리를 선택할 때 미적인 가냘픈 엉덩이보다 생산에 적합한 푸짐한 엉덩이를 찾는다. 이 때문에 결혼 당사자인 아들과 어머니가 간혹 다투기도 한다는데 아무래도 난 어머니의 선택에 동의하고 싶어진다.

아기를 낳은 엄마는 자식을 키우는 데 정성을 다하느라 자신의 엉덩이의 모양에 별 관심을 두지 않는다. 의도해서가 아니라 본능이다. 삶의 하중이 무거우면 무거울수록 엉덩이는 더욱 넓어지고 평평해진다. 나이 든 아주머니의 모양 없이 펑퍼짐한 엉덩이는 얼마나 치열한 삶을 살았는가를 보여주는 또 다른 징표다.

목욕탕에서 노인들의 엉덩이에 까맣게 못이 박인 자리가 눈에 띌 때가 있다. 얼핏 보면 징그럽고 보기 흉한 자국에 불과하지만 나는 머리를 숙이곤 한다. 한 삶이 얼마나 고달프고 치열했던가를 보여주는 듯해서다. 그리고 한 번도 남의 위에 올라서지 못하고 평생 남을 받들며 살아온 삶의 숭고한 표증表證처럼 보여서이다.

동그스름하고 보드랍던 둔덕은 이제 쭈글쭈글하고 찌그러져 볼품이 없다. 미美와 희생과 종족보존과 겸허함과 진실성으로 한생을 보냈던 엉덩이가 이제 삶의 막을 내리는 것이다. 무겁던 체중도, 삶의 하중도 모두 훌훌 벗어 던지고 유유자적 정토의 땅으로 향한다. 자신의 모습을 닮은 묘를 조용한 산중에 만들어 놓고.

엉덩이 같은 삶을 살고 있거나, 살다 저세상으로 떠나간 사람들이 어찌 없으랴. 한평생 남의 밑받침으로 살다가 가슴에 못이 박힌 사람들. 그들도 젊은 한때 신분상승의 꿈을 꿔보았지만 성형과 꾸밈의 대상이 되지 못하고 버려진 채로 한평생을 살고 있거나, 살다 사라진 사람들이다. 그렇지만 우리들은 안다. 그들의 삶이 진실한 삶이었다는 것을. 성형한 얼굴이나 젖가슴은 세월이 지나면 추한 모습으로 변하지만 자연스런 모습은 세월이 지나도 추하게 변하지 않고 우아함을 오래오래 유지한다는 것을.

모티

아파트 옆 차도와 대로가 만나는 귀퉁이에 아담한 집이 하나 있다. 모티(MOTTI)라는 간판을 단, 차도 팔고 칵테일도 파는 집이다. 옛날 고딕체의 예쁜 영문 간판과 앙증스런 건물 모양 때문에 모티라는 간판이 적어도 서양에서, 서양 중에서도 유행이 앞선다는 프랑스에서 따온 불어인 줄만 알았다. 그런데 어느 날, 술이 취한 나를 택시에 태워 집까지 바래다 준 친구가 고마워, 마지막 입가심만 하자고 억지로 택시에서 끌어내려 모티로 들어서면서 나는 허풍스럽게 말했었다. 파리의 몽마르트르 언덕에나 있음 직한 불란서풍의 칵테일 바에서 한잔하자고.

친구가 술에 취하지만 않았더라면, 그리고 그가, 내가 마음속 어느 한곳에 언젠가 꼭 한번쯤 가보고 싶어 하는 이국의 멋있는 찻집에 대한 동경을 숨기고 있다는 것을 알았더라면, 그렇게 간단히 나의 망상을 깨트리지는 않았을 것이다. "애야, 술 깨라. 모티는 모퉁이의 경상도 사투리다."

그래, 사투리면 어떤가. 불란서 말이 아니면 어떤가. 나를 떼어놓고 일하러 호미를 메고 무정하게 산모퉁이를 돌아가던 어머니를 생각나게 해 주면 되지 않는가. 엄마를 따라가고 싶어 한 없이 울던 내가 제풀에 지쳐 꾸벅꾸벅 졸고 있을 때 산모퉁이를 돌아 불어와 나를 잠재우던 산들바람을 그리워하게 만들면 되지 않는가. 멋모르고 우리 집 뒤곁으로 들어온 다람쥐를 잡으려고 달려갔을 때 허겁지겁 집 모퉁이를 돌아 도망치고는, 내가 살금살금 발소리를 죽이자 다시 모퉁이에서 고개를 내미는 얄미운 다람쥐를 한 번 더 미워하게 만들면 되지 않는가.

초등학교에서 수업을 마치고 집으로 돌아오던 오후였다. 산길 옆으로는 개망초꽃들이 활짝 피어 있었다. 산모퉁이를 돌자 여자아이 하나가 저 멀리 앞서 걸어가고 있었다. 좋아하던 여자아이였다. 무명 저고리 색은 개망초꽃 색과 구별되지 않아 꽃 속에 숨고 검은 치마만 길 따라 움직이고 있었다. 숨이 차도록 달려가 와락 끌어안고 싶어 뛰었다. 그녀가 뒤를 돌아보았다. 심장은 갑자기 멈춘 듯하다가 미친 듯이 팔딱거렸다. 얼굴은 부끄러움으로 화끈거렸다. '너하고는 상관없는 일'이라는 듯이 그녀 옆을 쏜살같이 지나갔다. 딱으로 미끈거리는 발과 부자연스러운 몸동작으로 몸은 기우뚱하고 넘어지려 했다. 그때 언뜻 보았던 그녀의 눈빛, 의아해하면서도 내가 넘어질까 봐 걱정스럽게 빛나던 그 빛, 모퉁이는 그 눈빛만 내 기억 속으로 끌어오면 되는 것이다.

산등성이에 앉아 모퉁이를 돌아 달려가는 기차를 하염없이 바라보던 시절이 있었다. 아무도 없는 산골짜기에 질러대는 기적 소리만큼이나 공허한, 대처로 나가고 싶은 욕망을 마음속으로 소리치던 때가 있었다. 소리는 화통에서 뿜어져 나오는 연기에 실려 하염없이 하늘 속으로 사라졌었다. 그 허망함, 그래도 언젠가 이루어지리라는 꿈을 접지는 않았었다. 기차를 타고 날아오르던 그 어렸을 적 야망과 꿈을, 이제는 늙어 자꾸만 시들어만 가는 내 마음속에, 다시 한번 더 불을 지펴 태우도록 하기만 하면 되는 것이다.

삶의 의미를 물으며 끝없이 방황하던 젊음의 시절이 있었다. 소주잔과 막걸리잔을 기울이면서 원인 모를 슬픔과 허망함으로 밤늦도록 흐느끼기도 했다. 삶이 온통 고통으로 채워진 양 안주로 나온 날고구마를 이빨이 시리도록 깨물던 시기였다. 밤새워 길을 물어 돌아가면 또 나타나고 돌아가면 또 나타나던 삶의 모퉁이, 안주로 나온 번데기의 주름살같이 세고 따라가면 없어지고 세고 따라가면 없어지던 삶의 길, 삶이란 그렇게 앞이 보이지 않는 모퉁이를 돌고 돌아가다가 마침내 온몸에 번데기 같은 고뇌의 주름을 만들고 사라진다는 것을 깨우치려고 조숙한 몸부림을 치던 시절도 있었다. 모퉁이는 그런 것만 나에게 가르쳐주었어도 되는 것이다.

사랑하는 자가 생겨 속을 태웠다. 초등학교 학생의 젖꼭지 같은 사랑이 아니라 성인의 사랑이었다. 만나고 싶고, 같이 있고 싶고, 스물네 시간 빤히 눈을 쳐다보고 싶었던 여인이었다. 모퉁이만 돌아서면 서로 눈을 마주칠 수 있었을 텐데 모퉁이를 돌아서지 못했다. 숨바꼭질하듯 숨어서 눈길을 주다가 눈이 마주치면 깜짝 놀라 눈길을 엇갈렸다. 순진함을 빙자한 미련함 때문에 우리는 서로 꼭꼭 숨어 있었다. 결국 사랑하는 자는 휘어진 뒷골목의 모퉁이를 돌아서 사라졌다. 떠나가는 자의 뒷모습이 보이지 않을 때까지 눈을 떼지 못하고 소리 없이 눈물만 흘렸다. 그녀에 대한 기억은 별이 되어 내 가슴속에 박혔다. 지금까지도 캄캄한 밤이면 한 번씩 빤짝거려 잠을 설치게도 한다. 모퉁이는 그런 별만 내 마음속에 만들어 주었으면 되는 것이다.

결혼하고 자식 낳아 정신없이 고속도로 같은 삶을 살아왔다. 어느 날 문득 삶이 단조롭고 무의미해졌다. 쭉 뻗은 고속도로 옆 풍경은 언제나 똑같았다. 내 삶에도 모퉁이가 있어야 한다는 생각이 들었다. 살아가다가 한 번씩 피를 토하며 울고 싶을 때는 더욱 그랬다. 남한테 보이지 않는 공간, 움츠리고 울먹일 수 있는 모퉁이가 필요했다. 어릴 적 숨바꼭질할 때 술래가 영영 나를 찾지 못하는 나만의 숨을 장소가 있기를 바랐듯이, 내가 울고 싶을 때 울어도 누구도 나를 찾지 못하는 그런 삶의 모퉁이가 말이다. 허연 백발이 서러워서, 지나 온 삶이 아쉬워서 애달피 울 수 있는, 아무도 영영 찾을 수 없는 그런 모퉁이 같은 장소가 나에게 필요한 시기가 다가온 것이다.

4센티미터와 크레용

한쪽 다리가 4센티미터 짧다면 그것 때문에 사람이 사는 데 얼마나 불편할까? 사십대 여자가 피아노를 치며 노래한다. 한 곡을 끝내고 다음 곡에 들어가기 전 말한다.

"4센티미터가 사춘기 여성의 꿈을 접게도 하고 삶의 용기를 야금야금 갉아먹기도 했어요. 정말로 빨리 할머니가 되어 죽어버리고 싶기도 했습니다. 그리고는 왼쪽 다리, 거기에 4센티미터를 더하여 다시 태어나고 싶었어요. 나도 다른 사람들과 전혀 다르지 않은 인간이라는 것을 증명해 보여주려고요. 그렇게 힘들고 힘든 어느 날 사랑하는 남편을 찾았습니다. 노래를 찾고 이렇게 노래를 부릅니다. 첫 시디(CD) 이름을 '크레용'이라고 지었습니다. 각자는 각기

다른 의미 있는 삶을 산다는 것을 나타내려고요."

노래가 끝나고 걸어 나올 때 절뚝거리는 것을 본다. 그것은 엄연히 우리와는 다른 걸음걸이다. 그녀가 불편하지 않다고 해도 불편할 것이라고 우리는 생각한다. 그 작은 차이, 4센티미터가 우리와 그녀를 갈라놓는 강이 된 것이다.

고등학교 3학년 학생과 초등학교 2학년 학생의 애틋한 이야기가 있었다. 그저 절뚝거리며 따름에, 왠지 모를 부족함에 대한 애틋함에, 문득 한 번씩 저 어린것을 좋아하는 것은 아닌가? 하고 화들짝 놀랄 때도 있었다. 세월을 지나 그곳을 떠났다. 그녀는 절뚝거리며 배웅했다. 그 모습은 가슴에 따끔거리며 문신으로 새겨졌다. 그 후 많은 시간이 지나갔다. 한가한 시간이 오면 한 번씩 그 문신이 따끔거렸다. 그녀가 떠올랐고, 그녀의 모습은 억제할 수 없는 욕지기처럼 그를 괴롭히기도 했다.

그녀와 삶을 같이한다는 가정도 해 보았었다. 아무런 문제없이 살아갈 것도 같았다. 그러나 부모님의 실망, 지구의 한가운데까지 파헤쳐질 정도의 한恨을, 조그만 가슴으로는 담아 낼 자신이 없었다. 용기 없던 그는, 결국 4센티미터의 차이, 약간의 절뚝거림을 극복하지 못하고 그녀와의 인생을 평행선으로 만들었다. 그저 마주보며 달려가는 기찻길처럼 그리워하는 만큼의 간격을 두고 세월은 한없이 달려갔다.

삼십오 년이 지난 어느 날, 그녀의 친척 결혼식장에서 그녀를 만났다. 이제는 둘 다 머리가 희끗희끗한 모습으로 변해 있었다. 그녀는 아직도 그를 오빠라고 불렀다. 말투는 그가 고등학교 3학년이고 그녀는 여전히 초등학교 2학년 학생 투였다. 사람들은 마지막 볼 때의 모습을 가장 강렬하게 기억한다. 그 모습은 나이를 먹지 않는다. 수십 년이 흘러도 똑같다. 그러다가 다시 만나 지나간 세월의 흔적을 각각의 모습에서 볼 때, 우리는 그 변한 모습과 머릿속의 모습과를 결합시키는 데 어려움을 겪는다. 지금까지 마음속으로 간직하고 있던 상像과 앞에 마주보고 있는 상이 전혀 다를 수가 있기 때문이다. 지금까지 애타게 그리워했던 모습은 결국 실상實像이 아니고 허상虛像이었다는 것을 깨닫는다. 허상의 애틋한 사랑만 가슴에 안은 채 쓸쓸히 현실로 돌아오기도 한다.

노래를 부른 그녀와 차를 마신다. 4센티미터라는 말이 가슴을 친다고 웃으면서 말한다. 고등학교 때 친구 여동생의 한쪽 다리가 아마도 4센티미터 정도 짧았을 것이라고 말한다.

차를 마시고 일어서는 그녀를 전송하자 '크레용'이라는 시디를 내민다. 제목이 가슴에 와 닿는다. 크레용은 많은 색들을 가지고 있다. 밝고 아름다운 색도 있고 칙칙하고 어두운 색도 있다. 길이도 다양하다. 새것일 때는 길이가 길고 같으나 사용하면 길이가 짧아지고 각각 달라진다. 대부분의 사람들은 밝고 아름다운 색을 좋아한다. 길이도 긴 것을 선호하고 짧은 것은 싫어한다. 그렇지만 크레용은 사용하면 짧아진다. 그림도 밝고 아름다운 색만으로 그리는 것은 아니다. 칙칙한 색으로 그린 유명한 명화들도 많다. 반 고흐 작품들은 밝은 색보다 어두운 색으로 그린 그림들이 주류를 이룬다.

사람들은 절뚝거리는 그녀의 모습에서 약간은 어두운 느낌을 받았을 것이다. 그렇지만 짧고 어두운 색의 크레용으로 그리는 인생이 꼭 길고 밝은 색으로 그리는 인생보다 못하라는 법은 없다. 더 훌륭한 명화의 삶이 될 수도 있는 것이다. 그것을 말하려고 시디의 제목을 '크레용'이라고 붙였는지도 모른다.

문득 친구 여동생의 얼굴이 시디 위에 내려앉는다. 가슴속이 짜릿짜릿 아파온다. 가슴속 문신이 꿈틀거린다. 아직도 내 가슴속에 새겨진 문신은 지워지지 않고 살아있는 모양이다.

돌단춤

그날 오전 수업을 마치고 회의에 들어가기 전, 왜 그렇게 고향집이 눈앞에 어른거렸을까? 본부 회의실로 가기 위하여 연구실 문을 나서서 교정의 좁은 길로 들어서는 순간, 어릴 적 딱지치기하던 골목길이 문득 교정의 길 위로 겹친다. 골목길 끝에 위치하던 대문 앞에는 어머니가, 희미한 미소와 걱정스런 표정을 지으며 서 있다. 왜 이러지? 손등으로 눈을 꾹 눌렀다 뗀다. 잠깐 교정의 아스팔트길이 선명하게 보이더니 다시 고향의 흙길로 변한다. 텅 빈 시간의 원통 끝에 본부 건물의 입구가 보이다가 다시 고향집 대문이 보인다.

발을 더듬거리며 본부 건물 입구로 다가선다. 이상스럽게 이마에

땀이 흐르고 손이 축축하다. 하나의 굴속을 지나는 느낌으로 속이 답답하다. 어릴 적 놀던 기억들, 중 · 고등학교 생활, 대학생활 그리고 유학생활이 눈앞으로 쭉 다가온다. 본부 건물 입구의 자동문이 스르르 양측으로 갈라진다. 문득 시간의 터널이 끝난 듯 현실로 돌아온다. 깨끗하게 닦아 놓은 복도바닥에 부딪친 형광등 불빛이 반사되어 눈이 시다. 회의실로 올라가는 계단이 무척 높아 보인다.

회의 중에 무슨 말을 하다가 혹은 듣다가 그렇게 되었을까? 무언가 흥분하며 이야기한 것도 같고 열띤 목소리로 반박하는 소리를 들은 것도 같다. 무슨 문제였던가? 그렇지. 학과 통폐합 문제였어. 디지털 물리학과, 첨단의 학문인데 학생들이 선택을 하지 않는 학과, 학생 없는 학과가 존재할 가치가 있느냐는 말에 흥분한 것 같아. 그렇게 자부심을 갖던 학과인데 이제는 태권도학과보다 못하다고 하니 정말로 자신도 모르게 흥분해서 고함을 친 것 같아.

그런데, 그것까지는 기억이 나는데 그 이후가 기억이 나지 않아. 무엇인가 머리 쪽으로 쭉 올라오는 느낌이 있었어. 그리고 핑 도는 거야. 그때 처음으로 지구가 돈다는 것을 실감했어. 앉은 의자가 갑자기 머리 위로 올라오고 머리가 천 길 낭떠러지로 거꾸로 처박히는 느낌, 아차 하고 주위의 무언가를 잡으려고 양손을 허우적거렸지. 그리고는 뱃멀미하듯 무엇인가를 울컥 토해냈어. 그리고 잠겼어. 저 심해의 푸른 물속으로 깊이깊이 빠져 들어가 잠겨버렸어.

얼마나 시간이 흘렀을까? 내가 눈을 뜨고 들을 수 있게 되었을 때가. 가장 먼저 눈 속으로 들어온 것은 천장에서 비쳐 나오는 형광등 불빛이었어. 가장 먼저 귀에 들어온 소리는 인공호흡기의 삐거덕거리는 소리와 심박동에 따라 울리는 심전도 추적 감지장치의 소리였지. 가만히 손을 들어보았어. 전혀 움직이지 않아. 발가락을 움직여보았어. 역시 움직이지 않아. 말을 해 보았지. 말도 나오지가 않아. 머릿속에서만 단어들이 유영할 뿐 밖으로는 전혀 나오지 않았어.

왜 이러지? 고장이 나서 움직이지 않는 차를 붙들고 이곳저곳을 살피듯 내 주위를 살피려고 고개를 젖힌다. 그러나 전혀 움직여지지 않는다. 무슨 일이 일어난 것일까? 어느 병원의 중환자실에 누워 있는 것은 확실한데 왜 몸이 움직여지지 않고 말도 되지 않지? 옆에서 누가 우는 것 같군. 찬 물기가 허벅지에 떨어져서 안 거야. 그런데 확실하게 보이지가 않아. 깊은 안개 속에서 사람이 보이는 것 같기도 한데 윤곽이 희미해.

시야 저 한편에서 흰 가운과 안경이 잠깐 스쳤던 것도 같아. 그리고 무슨 소리가 들렸던 것도 같았어. 뇌교출혈腦橋出血이란 단어가 희미하게나마 생각 나. 안경이 약간 들썩거리며 분명히 그 말이 튀어 나왔어. 그리고 가망 없다는 말, 수술도 불가능하다는 말이 들렸어. 허공 속에서 "선생님, 어떻게 안 될까요?"라는 말이 날아다니더군. 나비처럼 훨훨 날았어. 노랑나비도 있는 것 같고 호랑나비도 있는 것 같았어. 처음에는 한두 마리가 보였는데 조금 있으니 수천

마리가 정신없이 날아 다녔어. 이쪽으로 몰려 날아오기도 하고 저쪽으로 몰려 날아가기도 했어. 어떤 때는 회오리바람처럼 원통을 만들어 날아오르기도 하고. 또다시 내 얼굴에 무엇인가 찬 것이 뚝 떨어지더군. 아내의 눈물방울이었지. 그렇지만 나비들이 똥을 눈 것이라고 생각했어.

그렇게 꿈꾸듯이 누워있는데 누가 내 아랫도리를 벗기더군. 배설을 한 거야. 언제 했는지도 모르게 나온 거야. 그런데 소변은? 도뇨관을 통해 이미 졸졸 흐르고 있었어. 계곡에 연결한 관을 통해서 절 옆 샘으로 물이 졸졸 흐르듯이 소변통 안으로 흘러 들어가고 있었어. 그러자 문득 목에 바람이 새는 듯한 느낌도 드는 거야. 구멍이 뚫렸더군. 입에는 관이 지나가고 있었어. 목구멍을 지나 식도를 지나 위 안에 똬리를 틀고 앉아 있었어. 결국 입의 기능이 없어졌더군. 말도, 먹는 것도, 씹는 것도, 그리고 숨쉬는 역할도 다 죽어 버렸던 거야.

결국 몸을 내맡겼지. 그리고 즐기기만 했어. 배설물을 치우는 간호사의 부드러운 손길을, 관을 통해 들어오는 음식물에 채워지는 위의 포만감을, 흡입기의 관이 기관 절개 부위로 들어와 막힌 가래를 뽑아낼 때 느끼는 시원함을, 그리고 쏟아지는 잠을 거부하지 않고 즐겼어. 어떤 때는 하루 종일 잠만 잔 적도 있어. 가능한 많이 잠을 잔 거야. 누구한테 폐를 끼치지 않으려고 가만히 누워만 있었던 거야. 그러면 몸에 필요한 열량이 최소화되어 섭취하는 음식물의 양도 줄고 배설물도 적어지지 않을까 하는 바람으로 그렇게 한 거야. 그런 일 말고 할 수 있는 일이 어떤 일이 있겠어? 그것이 내가 남을 도울 수 있는 유일한 방법이잖아.

중환자실에서 일반병실로 옮겨져 지내던 어느 날이었어. 아내가 살며시 내 손을 잡더니 눈물을 흘리는 거야. 그래서 왜 그러느냐고 물으려는데 말이 나오지 않아. 그래도 아내는 알아듣는 것 같더군. 내 눈빛을 보고 말이야. 그러더니 귀에 대고 속삭이더군. 퇴원해야 한다고. 화가 나서 얼굴을 붉히며 눈을 부라렸어. 왜 퇴원하라고 하느냐고 화를 냈지. 눈과 숨으로 말이야. 천장에 눈을 고정시키고 숨을 헐떡거리면서 노려보았지.

아내가 달래더군. 급성 환자들을 치료하기 위해 만성 환자들은 퇴원시켜야 한다는 점을 이해하자고. 보험 공단에서는 장기입원 환자들의 치료비의 일부를 삭감시키기 때문에 병원에서는 가능한 빨리 환자들을 퇴원시키려고 하는 것 같더라고. 나는 또 숨을 헐떡거렸지. 그 차액이 얼마여서 갈 곳 없는 나를 퇴원시키려 하느냐고. 따지려고 몸을 일으키려도 했어. 그런데 용만 써질 뿐 몸이 일어나지질 않아. 소변줄로 소변만 찔끔 나올 뿐.

학생들이 선택하지 않으니 수입이 되지 않는다고 첨단의 디지털 물리학과가 대학에서 무기력하게 폐지되어 버렸어. 그렇게도 힘들게 공부했던 학문이 얼마간의 등록금 때문에 사라진 거야. 달 보고 짖는 개처럼 폐과廢科되는 것을 보고 무기력하게 짖다가 뇌출혈을 일으키고 만 거야. 그것은 그렇다 치자. 움직일 수 없는 몸을 그저 조그만 침대 하나에 눕히고 동면하는 개구리처럼 조용히 지내는 조그마한 내 권한까지도 그 얼마 안 되는 돈 때문에 빼앗겨야 한단 말인가?

문득 수천 마리의 나비들이 다시 눈앞에서 날아다니더군. 이쪽으로, 저쪽으로, 회오리바람처럼 원통을 만들면서 말이야. 그리고 내 몸이 나비들 속에 놓여 있는 것이 보였어. 내 몸을 떼어 메고 날아다니고 있더군. 지구상에서 몸 하나 눕힐 공간을 얻지 못한 내 몸을 말이야. 결국 나비들이 내 몸을 눕힐 공간을 만들어 준 것이지. 지구상이 아니라 천상의 공간에. 그들이 날아다니는 동안 내 몸을 눕힐 공간은 걱정하지 않아도 될 거야. 왜냐하면 그들은 인간들처럼 돈 때문에 나를 무정하게 버리지는 않고 포근한 가슴으로 영원히 감싸 안고 날아다닐 것이 확실하기 때문에.

뇌교출혈로 콤마 비질런스* 상태가 된 어느 대학 교수의 이야기다.

돌단춤: 장내를 빙글빙글 돌면서 추는 춤(한플러스 국어대사전)

* 콤마 비질런스(coma vigilance, 각성혼수覺醒昏睡): 외계의 자극에 대해서 반응이 없거나 대단히 감퇴되어 있으나 각성하고 있는 상태. 머릿속으로는 모든 것을 알고 잠도 자고 깨어 있기도 하나 전혀 말도 못하고 움직이지 못한다. 뇌교腦橋나 중뇌中腦 손상 시 특징적으로 발생된다.

불빛

어린 시절 고향에는 전기가 들어오지 않았다. 남폿불이나 등잔불로 주위를 밝혔다. 집은 초가집이었고 방문은 한지로 발랐다. 창호지를 통해서 비치는 불빛들을 바라보는 일이 흔했다. 어머니의 가슴속 같은 포근함을 느끼기도 했다. 함박눈이 펑펑 쏟아지는 밤에는 목화솜 속에 파묻힌 듯한 착각도 했다.

겨울의 불빛 속에서는 교차되는 움직임을 자주 보곤 했다. 똑딱똑딱 울려대는 소리도 있었다. 다듬이질하는 그림자와 소리였다. 자식들을 생각하는 어머니의 마음속처럼, 장독 옆 돌 위에 올려놓은 정화수처럼, 순수하고 맑은, 모습과 소리였다.

늦가을 밤에는 꽃의 모양을 한 그림자가 창호지에 비치곤 했다.

밝지 않은 등잔불 밑에서 이야기책을 읽어주는 어머니 주위에 둘러앉은 조무래기들의 머리들이 만든 모습이다. 꽃술은 등잔불, 꽃잎은 머리통의 그림자들이었다. 살짝살짝 문풍지 흔드는 바람소리처럼 책 읽는 목소리는 청아하고 단아했다. 〈옥단춘전〉이 읽히고 〈박씨전〉이 읽혔다. 박색의 박씨가 허물을 벗고 절세미인으로 변하는 대목에서는 졸음으로 꾸벅거리던 조무래기 형제들의 목에 힘이 들어가 갑자기 꼿꼿한 자세가 되었다. 바람에 흔들거리던 꽃잎들이 제자리를 찾은 듯도 했다. 어머니의 목소리도 힘이 나서 갑자기 높아지곤 했다.

한여름 밤은 어떠했던가? 석양의 햇살이 서산 너머로 넘어가면 어둠 속에서 불빛들이 하나 둘 나타났다. 등피를 뚫고 나온 남폿불 불빛이었다. 하루의 농사일로 지친 몸을 씻고 마루에 올라서면 처마 안 천장에 걸려 있는 남폿불은 시커먼 그을음을 등피의 목을 통해 내품으며 늦게 차려진 저녁상을 밝혔다. 벼논의 피는 언제 뽑고, 농약은 언제 마지막으로 치며, 그리고 밭에는 언제 배추씨를 뿌릴까 하다가 쓰러지곤 했다.

해빙이 되는 봄의 초입, 창호지에 비친 어른거리는 그림자들의 목소리에는 힘이 들어있다. 이장의 힘찬 목소리가 사랑방의 창호지를 뚫고 흘러나온다. '언제까지는 못자리를 만들어야 혀, 언제까지는 논을 갈아엎어야 혀, 언제까지는 보리밭에 거름을 줘야 혀…….' 이장보다 농사일을 더 잘 안다고 자부하는 촌로는 그냥 고개를 끄덕여 준다. 그래야 동네가 통솔이 되는 법이다. 자기도 연로한 분이라고 대접을 받는 것이다.

지금 나는 의사가 되어 고향의 집들에서 보았던 불빛들을 보지 못하는 도시에서 살고 있다. 그렇다고 방 안에서 쏟아져 나오는 불빛에 대한 애착을 완전히 버린 것은 아니다. 퇴근할 때면 한동안 병실에서 쏟아져 나오는 불빛들을 망연히 뒤돌아 바라보는 버릇이 있다.

추운 겨울, 텅 빈 주차장에서 뒤돌아보는 병실의 불빛들, 무겁고 우울하다. 삶의 의미를 묻는 소리가, 죽음이라는 단어가, 환청처럼 들리기도 하고 언뜻언뜻 보이기도 한다. 그렇지만 그 속에도 따뜻함과 희망이라는 빛이 있다. 회복할 것이라고 굳게 믿으며 기도 드리고 있는 환자 가족들의 모습이, 최선을 다하고 있는 의료인들의 존재가, 그 불빛 속에 섞여 있기 때문이다. 추운 겨울이라도, 차가움보다는 따뜻함을, 절망보다는 희망을, 그 불빛 속에서 보고 느낀다.

가을의 퇴근길에서 바라보는 병실의 불빛은, 낮이라면 붉게 물든 단풍잎 때문에 묽게 보이지만, 밤이면 어둠이라는 배경의 도움을 받아 한껏 더 선명하다. 이제는 돌아갈 때가 되었다고, 붉은 단풍처럼, 고개 숙인 벼처럼, 인생의 수확을 걷은 후에는 물러가는 것이 자연의 도리라고, 떨어지는 낙엽은 불빛 속에서 한 번씩 사선을 그으며 손사래를 친다. 그렇지만 한평생 가족이라는 짐을 지고 가다 이세는 병이라는 하찮은 것에 등을 굽히고 무릎을 꺾는 부모들에 대한 자식들의 깊은 안쓰러움과 존경스러움도 그 속에 들어 있다. 그래서 늦가을 병실의 불빛 속에는 애틋함과 따뜻함이 숨어 있는 것이다.

여름밤 태양이 머뭇머뭇 서산 너머로 사라진 후 저녁 늦게 병실에 켜지는 전등불들, 인위적인 냉방에서 자연의 시원함으로 무더위를 이기고자 밖으로 나서는 사람들, 눅눅한 바람에도 환자복의 단추를 푸는 그들, 처음 만나는 사람들일지라도 몇 마디 이야기만 하면 십년지기보다 더 친숙한 사이가 된다.

"어디가 안돼서 왔소?"

"아이고, 그 병은 잘 안 낫는다고 하던데……. 어디 가면 용한 사람이 있어 그 병을 잘 고친다던데……."

귀가 솔깃하다. 의사의 말보다 이런 말이 머릿속에 팍팍 새겨진다. 무심히 하늘을 쳐다본다. 시간이 길면 길수록 별들의 숫자는 늘어난다. 아프기 전에는 정신없이 사느라고 잘 바라보지 않던 밤하늘이다. 망각했던 귀중한 별을 다시 찾은 생각도 든다.

이른 봄에는 산실과 신생아실의 불빛들이 가장 눈에 띈다. 주차장까지 들리는 산모의 고통스런 외침이 얼마 동안 지속된 후 뒤따라 앵앵 울어대는 신생아의 울음소리, 분홍색 신생아실의 불빛, 아이를 낳아 본 사람이나 키워 본 사람들은 알 것이다. 그 불빛들이 얼마나 신기하고 사랑스러웠었는지. 지금은 밉살스럽게 다 커 버린 아이들일지라도 그때는 얼마나 환희에 찬 기쁨과 희망의 빛을 보내

주었는지.

방에서 나오는 불빛을 사랑한다. 어느 계절, 어느 곳이든 불빛만 새어나오면 그곳에 희망이 있다고 생각해서다.

고향집 풍경

고향집은 부모님의 모습을 닮아가고 있다. 윤기를 잃어가는 겉모습이 쪼그라붙은 부모님의 피부 같다. 뒤뜰, 안마당, 바깥마당, 위채, 아래채 어느 곳을 둘러봐도 인적 하나 없이 고독만 가득하다. 혼자 남아 있는 어머니 마음속 같다. 위채는 아버지가 돌아가신 후 사람의 체취를 맡아 본 적이 없어, 방벽의 흙냄새가 밤마다 저희끼리 질펀하게 놀이를 하고, 낮에는 혼자 스며든 햇볕이 할 일 없이 한동안 머물다가, 재미없고 무료하다고 투덜거리며 인사도 없이 스르르 물러간다.

쇠락해가는 어머님을, 퇴락해가는 고향집을 보는 것이 마음이 아파서 집을 나선다. 어둠이 내려앉는 고향집 뒤 숲길을 걷는다. 보이지 않는 밤바람이 반갑다고 뺨을 어루만진다. 희미한 달빛에 비치는 산등성이는 밤나무의 기다란 꽃줄기로 반백이 된 듯한 모습이다. 숲에서 밤나무 꽃향기가 흘러내린다. 젊을 때는 자주 맡았던 냄새다. 이제는 기억 저쪽에 밀려나 있다. 생산의 능력을 상실한 지금은 아득한 추억이다.

밤나무도 열매를 맺어 봐야 누구 하나 반가워하지 않는다. 자랄 대로 자란 풀숲에 떨어진 밤알은 주워가는 이도 없다. 한동안 외롭게 누워 있다 늦가을 비를 맞고 썩는다. 한때는 밤송이라는 외투로 몸을 감싸고 형제들과 오순도순 잠을 자면서 탈출의 꿈을 꾸고 있다가, 꿈도 깨기 전에 송이와 함께 떨어져 까발려졌다가 흙 속에 갈무리되어 제사상에도 오르는 영광도 맞았었다. 예전의 영화는 꿈이다. 꿈은 조각 난 망상의 흔적이다. 꿈은 이루어지지 않는다. 이루어진다면 그것은 꿈이 아니다. 현실이다.

퇴락한 집 마당을 걷는다. 잡초 씨가 바지에 붙는다. 내 어릴 적 붐비던 그 많은 발자국은 보이지 않는다. 흔적도 없다. 시간이 모두 씻어 갔다. 담벼락 잡초 열매가 호박을, 조롱박을 대신하고 있다. 앵두나무에 앵두가 많이 열려있다. 거미줄이 이리저리 쳐져 있다. 누구도 앵두를 따지 않는다. 거미가 엉금엉금 기어 다닌다. 거미줄에 매달려 있는 물방울이 거미의 동작에 따라 애처롭게 흔들거리다 떨어진다.

뻥 뚫린 담벼락 구멍으로 초승달 빛이 스며든다. 사랑의 속삭임이 함께 들어온 적도 있었다. 이제는 늙은 어머니의 기침소리만 숨어 있다. 보름달의 풍성한 넉넉함이, 새벽녘 별빛의 화려함이 아직 이 조그만 구멍으로 들어오긴 오는가? 퇴락한 가문의 흔적을 비추러 말이다.

탱자나무, 뽀루수나무, 칡덩굴, 으름넝쿨이 어울렸던 울타리를 기억해 본다. 이제 비스듬히 솟은 언덕만 남겨놓고 사라진 흔적을 밟아 본다. 문득 발끝에 차이는 것이 있다. 흙속에 파묻히고 목 주둥이만 간신히 내민 소주병이다. 한때 이 내용물로 터질 것 같던 가슴을 달랜 적도 있다. 한때 이 내용물로 삶에 대한 의식을 잠재워 휘청거리는 걸음걸이로 미친 개 흉내를 낸 적도 있다.

초승달 달빛이 담벼락 밑에 놓여 있는 질그릇 소변통과 요강을 비춘다. 무서움을 많이 탔던 나는 한밤중에 멀리 떨어져있는 뒷간에 가지 못하고 질그릇 소변통과 요강을 자주 이용했었다. 질그릇에 손으로 그려 넣은 듯한 음각陰刻의 무늬가 희미하게 보이고, 요강에 그려져 있는 푸른색 난초꽃이 번들거리며 흔들린다. 그때 '쏴' 하고 쏟아지는 오줌 소리, 환청인지 밤꽃이 흔들리는 소린지 정신이 혼미하다. 지나가는 구름이 희미한 달빛을 가려, 소변통 음각의 무늬와 요강의 난초꽃이 흔들흔들 춤을 추며 어둠 속으로 사라진다.

오줌통과 요강 안을 들여다본다. 오줌 한 방울 없이 텅 비어 있다. 자릿한 냄새가 달콤하다. 말라버린 오줌 냄새가 왜 이렇게 향긋하고 그리운가? 우리들의 태생의 기원이 되었던 아버지와 어머니의 생식의 발원이 가린 것 없이 노출되고, 우리들 몸속에 들어온 음식물이 자기 몸을 부수고 파괴시켜 우리 몸의 일부가 되었다가 배설되어 채소나 벼나 보리를 키우는 거름이 만들어지던 곳, 숭고한 것들은 이렇게 버려진 곳에서 음습하게만 다가와야 하는가?

구름이 흘러갔는지 다시 희미한 달빛이 집안에 가득 찬다. 집 뒤뜰의 장독들이 사리를 담아놓은 부도들같이 쓸쓸하게 서 있다. 장독대 사이사이에는 잡초들이 무성하다. 우리들이 자라던 때에는 짓밟는 발자국들 때문에 그들이 자랄 기회가 없었다. 그런 발걸음 소리들은 이미 고향집에서 사라진 지가 오래다. 시래기처럼 말라비틀어진 어머님의 몸무게로는 자라나는 잡초들을 이길 수가 없다. 이제 잡초들에게 그들의 옛 땅이었던 집터를 물려줄 시간이 다가온 것이다. 그들과 타협하여 집터를 돌려주고 대신에 집터보다는 아주 작은 유택의 땅, 산속의 조그만 땅을 임대할 시기가 온 것이다.

밤꽃 향기가 달빛에 실려 코끝에 비릿한 냄새로 스며든다. 사랑채에서 노모老母의 기침소리가 요란하다. 탄생과 소멸의 냄새와 소리다.

등나무

그는 이제 이 세상에 없다. 그가 할퀸 자국과 마지막 나를 끌어안았던 따뜻함이 아직 내 가슴속에 남아 있지만 그는 편안한 쉼터로 갔다. 그리고 나도 할퀸 자국의 쓰라림과 그의 포옹의 애틋함을 점점 잊어가고 있다.

간호대학에서 병원 쪽으로 가다 보면 '사랑의 쉼터'라는 등나무가 지붕을 이룬 휴식처가 있다. 초여름에는 젊었을 적 어머니의 젖 모양을 닮은 아름다운 자주색 꽃송이들이 천장에서 거꾸로 내려오기도 한다. 등나무 밑둥치들은 서로 다른 두서너 개의 가지로 분지되었다가 다시 비비 꼬며 서로 엉겨붙어 하나의 줄기를 만들고 있다. 서로 엉킨 자리에는 홈이 파져서 서로의 몸에 상처를 만들고 있다.

그렇게 서로를 끼워 넣고 감아 돌아간 등나무는 나무처럼 뻣뻣하게 되어 높은 쉼터 지붕 위로 올라간다. 그 모습은 나와 한동안 갈등하다가 마지막 화해하고 저세상으로 떠나갔던 한 환자를 떠오르게도 한다.

그는 제지하는 간호사를 젖히고 막무가내로 내 진찰실로 들어섰다. 눌러쓴 모자, 종이 반창고로 들어올린 왼쪽 눈까풀, 그 밑으로 빛나는 눈동자, 그리고 꽉 다문 입, 딱 벌어진 어깨, 중심이 잡힌 듯한 땅땅한 키, 그러나 파리한 피부…….

"교수님, 불편해 죽겠어요. 하루라도 눈을 똑바로 뜨고 살아야지, 반창고로 눈까풀을 들어올리고 살자니 미치겠어요. 반창고 붙인 자리도 따가워 죽겠고요. 어떻게든 고쳐주세요."

그는 위압적으로 수액병을 매단 받침대를 한 번 흔들었다. 그리고는 쓰고 있는 모자 창을 약간 들어올리고 오른손 손가락으로 반창고로 들어올린 왼쪽 눈까풀을 가리켰다.

안과에 입원해 있던 그를 본 것은 약 1년 전이었다. 안과의 협진을 요청받고 그의 병실을 방문했을 때, 그는 비교적 공손하게 문진에 협조를 해 주었다. 비록 전공의가 "그 환자는 골치 아픈 환자이므로 전과轉科를 받지 않는 것이 좋겠습니다."라고 사전에 이야기했지만, 그리고 간호사들도 "그 환자는 정말로 어떻게 할 수 없는 환자예요."라면서 그를 두려워하는 눈치를 보였지만 나는 개의치 않았다.

"약 1년 반 전에 이비인후과에서 상악동上顎洞에 생긴 혹에 대하여 조직검사를 받으셨네요. 그리고 방사선 치료도 받으셨고요."

나는 암이라는 말 대신 혹이라고 했다. 그는 고개를 끄덕였다.

"어제 찍은 안구 CT사진을 보니 왼쪽 눈알 뒤쪽 상방에 혹이 또 있습니다. 아마 상악동 혹이 전이轉移된 것 같은데요……."

그의 눈치를 살폈다. 대부분의 환자들은 혹이 전이되었다는 말을 들으면 무척 실망하는 표정을 짓는다. 그도 잠시 움찔했다. 그리고는 옆에 있는 스무 살 근처의 딸을 잠시 바라보더니

"이제 맘을 잡고 딸하고 잘살려고 했는데……. 할 수 없죠. 선생님, 제발 수술을 잘해서 저를 좀 살려주세요."라고 말했다.

수술하는 방법 및 합병증, 수술 후 항암제 투여의 필요성 등에 대하여 이야기해주었다. 그리고 처진 눈까풀은 수술을 받은 후 약 6개월 이상은 기다려야 호전될 가능성이 있다는 말도 덧붙였다.

수술하던 날, 가능한 암을 완벽하게 제거하려고 노력했다. 비록 그렇게 수술해 주어도 재발할 것이라는 것은 확실하지만 최선을 다했다.

수술 후에도 그는 한번씩 병실에서 소동을 일으켰다. 전공의들한테 협박도 했고 간호사들한테도 한번씩 윽박지르는 행동을 보이기도 했다. 무슨 원인이 있어서라기보다는 병에 대한 분노, 불치병이 자신한테 생겼다는 불행한 운명에 대한 자포자기적 발광을 가끔 하곤 했다. 그리고는 무섭다고 했다. 한번씩 죽음이 두려워 미칠 지경

이라고 말하기도 했다.

수술상처가 나은 후 항암제 투여를 받게 하기 위하여 그를 종양내과로 전과轉科시켰다. 그는 우울한 표정을 지으며 호스피스 병실로 옮겨갔다. 그 후에도 호스피스 병동에서 그를 가끔 만나곤 했다. 나를 볼 때면 '언제 눈까풀이 올라가느냐?'고 묻곤 했다. 한번씩 외래로 찾아와 신세타령을 하기도 했다.

"교수님, 제가 열여덟 살 근처부터 조폭 생활을 했어요. 부모님 속도 무척 썩혀드렸고 큰집도 몇 번 들락날락거렸어요. 그 바람에 아내도 도망가 버리고……. 이제 마음 잡고 택시를 운전하며 딸하고 잘살려고 했는데 이렇게 몹쓸 병에 걸렸으니……."

처진 눈까풀은 아주 느린 속도로 호전되고 있었고, 나와 그와의 관계도 한동안 그저 그런 상태로 지속되고 있었다. 그는 항암제를 투여받기 위하여 입원했다가 퇴원하고, 퇴원했다가는 다시 입원하는 과정을 반복했다. 그리고 빠진 머리카락으로 민둥해진 머리를 감추기 위하여 항상 모자를 썼다. 푹 눌러쓴 모자 차양 밑으로는 왼쪽 눈까풀이 아직 종이 반창고로 들어올려져 있었다.

그의 딸이 결혼한다고 양가 부모가 상견례하던 날, 그는 역시 모자를 쓰고 처진 눈까풀을 종이 반창고로 들어올리고 상견례장에 갔다고 했다. 양가 부모와 딸과 사위가 될 사람이 서로 마주 앉아 인사하던 때, 그는 민둥한 머리를 보이기 싫어 모자를 벗을 수가 없었다고 했다. 눈까풀이라도 종이 반창고로 들어올리지 않았더라면, 가

발을 쓰고 폼이 나는 모습으로 참석할 수도 있지 않았나 하고 수없이 생각되더란다. 그때, 문득 내가 그렇게 미워지더라고 했다. 수술하면 금방 처졌던 눈까풀이 들어올려질 줄 알았는데……. 비록 6개월 이상 기다려야 호전될 것이라는 말을 들었어도, 참을 수 없는 분노가 나와 자신한테 생기더란다. 그래서 지금 나를 찾아왔다고 했다.

나는 진찰실 창문을 통해 '사랑의 쉼터' 등나무를 바라보았다. 그와 나는 지금 의사와 환자라는 인연으로 묶여 치유라는 꽃을 피우기 위하여 서로 몸을 부대끼며 피부가 긁히는 상처를 만들고 있는지도 모른다고 생각했다. 지금 서로 무척 쓰라리고 아린 아픔으로 고통을 받고 있을 수도 있다고 느꼈다. 등나무가 서로 엉겨붙어 상처를 만들면서 자라 올라가 향기롭고 아름다운 꽃을 피우듯이, 우리들도 지금 아픔을 느끼면서 병을 치료하기 위하여 서로 노력을 하고 있는 중일 것이라는 생각도 들었다. 나는 몸을 돌렸다. 한동안 그를 말없이 바라보았다. 눈싸움, 그가 눈길을 내렸다. 그리고는 소리 없이 외래 진찰실을 나갔다.

그 일이 있은 후 약 2개월이 지난 어느 날, 그가 다시 외래 진찰실로 찾아왔다. 종이 반창고 없이도 눈까풀은 거의 정상으로 올라가 있었다. 양복을 말쑥하게 차려 입고 공손하게 인사를 하면서 한 통의 편지를 내밀었다. 편지에는 "지난날 내 앞에서 보인 행동을 반성한다. 몹쓸 병이 자기한테 생겨 마음이 아프다. 그렇지만 운명에 맡기겠다. 마지막으로 생명을 연장시켜 주신 교수님을, 생을 마칠 때까지 고맙고 감사하게 생각하겠다."라는 내용이 적혀 있었다.

우리는 그렇게 서로 화해를 했다. 내가 그를 치료하면서 무척 가슴 아파했다는 사실을 그가 인정을 해 주었고, 나도 그가 죽음을 두려워해서 그렇게 어린아이같이 투정을 부렸었다고 이해를 했다. 삶이란 결국 서로 부대끼고, 상처를 만들고, 치유하고, 그리고 그런 아픔 후에 꽃을 피우는 것인지도 모른다는 생각이 들었다. 처진 눈까풀이 올라간 지 1년이 지나지 않아 그는 결국 영원한 쉼터로 떠나갔다. 갓 결혼한 딸과 사위가 그의 빈소를 지켰다.

굴비

굴비는 굽는 냄새를 풍기면서 먹어야 제격이다. 연기 속에 숨어있는 생선 굽는 비릿한 냄새가 애피타이저(appetizer)처럼 식욕을 돋운다. 변변한 반찬이 없던 시절, 굴비 하나를 구워 온 집안 식구들이 밥을 해치우던 시절이 있었다. 그때는 집들이 듬성듬성 떨어져 있어 굴비를 굽는 냄새가 온 집안을 채워도 옆집에서는 눈치채지 못했다.

지금의 아파트 생활에서는 다르다. 이웃에 피해를 주지 않고 굴비의 참 맛을 즐기기가 힘들어졌다. 아무리 환기를 잘해도 굴비 굽는 냄새가 온 집안을 채우고 위층과 아래층으로 번지곤 한다. 이웃들은 비릿한 냄새에 얼굴을 찡그린다. 특히 서양음식에 길들여진 아이들은 그런 냄새를 싫어한다. 굴비 구운 냄새가 몸에 배면 학교에서도 놀림 받기가 십상이다.

어머니가 도시생활에 적응하지 못하고 고향으로 돌아가시던 날, 문득 어릴 적 부엌 천장에 짚으로 묶어 매달아 놓았던 굴비들이 떠올랐다. 동지나 푸른 물결에 황금빛 비늘을 씻다가 어느 날 교접의 본능을 따라 헤엄쳐 올라왔던 영광 칠산 앞바다, 그곳에서부터 굴비의 뼈저린 삶의 고통은 시작되었을 것이다. 달빛으로 화장化粧한 교접 상대자의 빛나는 몸매에 홀려 무작정 따라나섰던 삶의 여정, 미래에 다가올 고난은 조금도 생각해 보지도 않은 채 정신없이 삶의 길을 내닫다가 걸려든 어부의 그물 속, 갈무리 중 몸을 파고들어 한없이 조이는 소금의 짠맛, 결국 빛나던 조기의 몸은 소금에 절어 쭈글쭈글해지고 비늘은 생기를 잃었을 것이다.

열일곱 나이로 열다섯 신랑을 따라와서 터를 잡았던 고향집, 그곳에서부터 당신의 뼈저린 고통은 시작되었을 것이다. 삶이라는 그물에 걸려, 여리고, 맑고, 흰 피부는 소금물보다 더 짠 삶의 각박함에 절어 점점 검고, 투박하고, 주름이 생기고, 그리고 주름의 골은 세월에 따라 자꾸만 깊어 갔을 것이다. 땀에 젖은 베적삼에서 맡던, 비릿하기도 하고 약간 역겹기도 한, 소금에 절인 듯한 삶의 냄새가, 점점 당신의 몸에 배어 갔을 것이다.

자식 집에 들른 당신은, 그 냄새를 맡고 코를 잡고 도망치는 손자, 손녀들을 붙잡지 않았다. 소금에 절인 듯한 역한 냄새가 당신의 삶을 쥐어짜낸 냄새라고 우기면서 아이들을 혼내지도 않았다. 살아오는 동안 겪었던 인고忍苦의 세월의 아픔이 어디 손자, 손녀의 애교 섞인 멸시의 눈초리와 비교할 만큼 가벼웠겠는가? 앙증스런 손동작으로 코를 막고 도망치는 손자, 손녀의 밉살스런 행동보다 견디기가 쉬웠겠는가?

그렇게 당신은 굴비 같은 삶을 살아왔다. 조기가 동지나 깊은 바닷속 깨끗한 물만 마시듯 당신은 열 길 넘는 깊이의 고향집 우물물만 품어 올려 마시면서, 조기가 영광 법성포 해변의 맑은 일사광선으로 몸을 말리듯 당신은 고향의 오염되지 않은 햇빛으로 몸을 말리면서, 조기가 법성포 해변의 깨끗한 공기의 냄새만 맡으면서 굴비가 되듯 당신은 고향집 울타리 뒤 소나무의 맑은 솔잎의 냄새만 평생 마시면서 살아온 것이다.

아내가 선풍기를 틀어놓고 굴비를 굽고 있다. 이웃에게는 미안해도 굴비 굽는 냄새가 최대한 창밖으로 빠져나가도록 하기 위함일 것이다. 아이들은 모두 성장해서 집을 떠나서 집안에는 아내와 나뿐이다. 저녁 밥상을 가운데 두고 서로 마주앉았다. 밥상 위 접시 위에는 노릇노릇하게 구운 굴비가 단정하게 놓여있다. 한참 동안 물끄러미 굴비를 바라보다가 젓가락으로 뱃가죽을 들치고 뱃속을 들여다보았다. 내장이 고스란히 제자리에 깨끗하게 정리되어 있다. 동지나 바닷속 해맑은 먹이만 삼키고 깨끗한 해풍만 들이마신 듯 내장도 깨끗하고 폐도 맑다. 껍질을 들어올리니 햅쌀 밥알 같은 하얀 근육 살이 골을 이뤄 나타난다. 젓가락으로 살점 하나를 집어

입에 넣는다. 약간 짜고 담백한 맛이 혀끝에 감긴다. 씹으니 쫄깃하다. 오래전 아파트를 떠난 당신의 속살도, 소금물 같은 삶의 짠맛으로 쪼그라진 피부를 들추면 영광 참조기 굴비 살같이 깨끗하고 흐트러짐 없이 정리되어 있을 것이라고 단정한다.

굴비의 머릿속을 헤친다. 젓가락에 잡히는 딱딱한 돌, 그래서 석수어라고 불리게 했다는 작은 돌, 조심스럽게 끄집어내어 들어올린다. 봉숭아 씨만 하고 사리같이 굳어진 흰 돌, 문득 당신의 머릿속을 상상한다. 팔십 평생 살다보면 얼마나 많은 이야기들을 마음속으로 새겨 녹여야 하고, 얼마나 많은 한을 씹고 씹어 소화시켜 핏속으로 밀어 넣었어야 했을까? 당신의 머릿속에도 분명 그런 이야기와 한을 뭉치고 뭉쳐서 굴비가 가지고 있는 돌과 똑같은 돌을 가지고 계시리라. 흰 살을 다 발라 먹으니 뼈만 남는다. 남은 것은 뼈밖에 없다. 물끄러미 뼈를 바라본다. 아직 코끝에는 굴비를 구운 냄새가 남아 있다. 그렇게 밖으로 내보내려고 애를 태웠어도 집안을 쉽게 떠나지를 못하고 냄새는 구석구석을 둘러보고 있다.

어머니가 아파트인 우리 집을 마지막 떠나던 날 이방 저방을 둘러보던 모습을 기억한다. 어머니가 떠나가신 후 기거하던 방 안에 한동안 혼자 서 있다. 소금에 절인 듯한, 땀에 젖은 베적삼에서 나던 냄새가 계속 코끝으로 스며든다. 굴비를 구운 냄새처럼 훌쩍 떠나지 못하고 한동안 이방 저방을 헤매고 있는 듯도 하다. 눈물을 찔끔거린다.

돌

어느 선배분이 연말에 전자 편지를 보내왔다. 열어보니 헌 년 보내고 새 년 얻었으니 잘살라는 내용이다. 아내의 얼굴을 힐끔거렸다. 아내가 보면 며칠간은 아침밥을 못 얻어먹을 내용이다. 물론 헌 년年을 보내고 새 년年 얻었으니 잘살라는 격려의 뜻이겠지만.

그러고 보면 말이란 참 재미있다는 생각이 든다. 돌이라는 말도 음은 하나지만 여러 가지 뜻이 담겨 있는 것 같다. 가장 먼저 떠오르는 것이 초가였던 고향집 앞마당에 한 줄로 늘어놓았던 차돌들이다. 그것들 때문에 앞마당은 낙숫물에 파이지 않았다. 대신에 차돌들의 날카로운 각은 깎여 동그스름한 모습으로 변하고 표면은 씻기어 말갛게 되었다. 비가 그치고 햇볕이 쏟아지면 차돌들이 깨끗한 모래에서 목을 내밀고 햇빛에 반사되었다. 그 빛은 말간 물 표면에 무지개 색을 수놓기도 했다.

다음은 아이가 한 살이 되면 붙여주는 '돌'이라는 축하일이다. 과거에는 의료 시설이 낙후되어 많은 아이들이 돌이 되기 전에 죽었다. 돌이 지나야 살아날 가능성이 높아졌다. 그렇기 때문에 돌상을 성대하게 차렸다. 지금도 '돌'을 축하한다. 그 이유는 손자나 손녀를 한 번이라도 안아 본 사람은 알 것이다. 가슴에 착 달라붙는 그들의 체표면에서 느껴지는 감촉, 핏줄이라는 보이지 않는 끈 때문에 숨어 나오는 희미한 자신의 모습, 낯가림을 하면서 심하게 울어서 어쩔 수 없이 그들을 며느리나 딸에게 넘겨주지만, 그때 언제 울었느냐는 듯이 밉살스럽게 방글거리며 웃는 모습, 그 웃음 속에서 문득 잃어버렸던 자신의 어린 시절이 떠오르고, 잊어버렸던 자신의 할머니나 할아버지의 모습이 망각의 세계에서 이끌려 나오는 경험도 하기 때문이다.

세 번째는 삶의 '돌' 시기이다. 세월은 나이가 먹어감에 따라 더 빨리 흘러간다고 한다. 연말이 되면 그 말이 백 번 맞다는 생각도 든다. 그때 가만히 살아온 길을 뒤돌아보면 이상스럽게도 지금의 시점에서 멀리 떨어져 있는 사건일수록 기억들이 생생하다. 초등학교에 들어가기 전에 형이나 누나들을 따라다니면서 겪었던 일들, 초등학교나 중학교에 들어가 친구들하고 경험했던 일들, 그것들은 마치 어제 경험했던 일처럼 생생하다. 그렇지만 고등학교, 대학교,

군대시절을 회상해 보면 순서대로 점점 더 그 시절에 경험하였던 일들이 희미해진다. 그러다가 인생의 가장 황금기라고 할, 가장 바쁘게 살았던 40대에서 50대의 시절을 회고해 보면, 어떻게 그 시절을 살았었는지 기억되는 것들이 별로 없다.

왜 그럴까? 가장 통통한 삶의 가운데 토막이 뭉텅 잘려나간 것 같은 단절의 기분, 만취되어 자고 깬 다음날, 아무리 기억해내려고 해도 바다에 듬성듬성 솟아 있는 섬처럼 전혀 연결되지 않은 기억의 파편들, 그 기간의 세월은, 진도와 해남 사이에서 보았던 '울돌'의 빠른 물살을 닮아서, 그렇게 빨리 지나가서 그러한가? 그 기간은 내 삶의 '돌'이어서 그러한 것인가?

어릴 적 대나무를 잘라 낚싯대를 만들고 그 꼭대기에 명주실을 달아 낚싯줄을 만들었다. 낚싯줄에 수수깡으로 찌를 만들어 매고 끝에는 낚시를 맸다. 시냇물 속에 낚시를 드리우고 천천히 물의 흐름을 따라갔다. 물 흐름이 빠른 '돌' 지역에 도달하면 피라미와 적도지들이 빠른 물살에 반항하듯 역주행하다가 혼절한 듯 낚싯바늘에 걸린 먹이를 집어삼키기도 했다. 잡아챈 낚싯줄에는 오색 줄이, 화려한 적도지가 허공에서 요동쳤다. 몸통에서 튕겨 나간 작은 물방울들이 햇빛에 반사되어 오색영롱한 빛들을 주위에 만들어 내기도 했다. 그때는 어디에도 비교할 수 없는 황홀함과 쾌감을 느꼈었다. 또한 한순간에 그것들이 사라지는 것을 보고 허망함과 절망감을 경험하기도 했다.

지금 되돌아보면 내 삶의 '돌'의 시기가 그러했던 것 같다. 적도지처럼 빠른 세월에 혼절하듯 정신없이 따라가면서 한번씩 영롱한 빛을 내는 것들을 발표하기도 하다가, 문득 삶의 속도가 느려진 지금 뒤돌아보면 아무것도 없는 듯한 허망함을 느끼고 있는 것 같다.

그래도 나는 '돌'을 사랑한다. 처마 밑에 한 줄로 늘어서 있던 차돌들은 날카로운 각이 낙숫물에 깎여 동그스름한 모습으로 변해가는 모양이 꼭 우리네 인생살이 같아서 그러하고, 손녀의 '돌'은 품에 안겨 두려운 듯 바라보던 해맑은 눈동자가 잊히지 않아 그러하다. 덧붙여 내 삶의 '돌'에 대해 말한다면, 비록 그 기간에 장그르니에가 말한 '인생의 가장 황홀과 정열의 순간들은 인생행로의 여기저기에 드문드문 찍힌 점들에 지나지 않는다.'와 같이 떠오르는 것들이 많지는 않지만, 그래도 그 정신없이 흘러갔었던 '돌'의 시기가 있었기 때문에 지금의 내가 있는 것 같아서다.

3
의사도 아프다

의사도 아프다

내가 가끔 감기라도 걸려 외래에 나타나면 정이 든 환자들은 묻는다. 의사도 아프냐고.

몸에 이상이 생겨 치료를 받았다. 4년여 전 수술받았던 오른쪽 폐의 병이 재발해서 수술받았고, 왼쪽 폐에도 생겨 수술을 받았다. 처음 재발한 부위를 수술받을 때 절망했고, 왼쪽 폐의 덩어리를 또 들어내려고 할 때 부끄러웠다.

설 전에 수술을 받았기 때문에 설에 고향에 갈 수가 없었다. 아내가 구십이 다 된 어머니에게 '내가 병원 일이 바쁘기 때문에 설에 고향에 갈 수가 없다.'고 전화를 드렸다. 어머니는 그렇게 아는 듯했다. '바쁘다'는 핑계는 나의 모든 게으름을 용서해주는 만병통치약이었다. "그려, 너는 원체 바쁜 사람이니께 안 와도 돼야."

설이 지난 어느 날 어머니에게서 전화가 왔다. 혹시나 전화상에 신음소리라도 들릴까 봐 아내더러 전화를 받으라고 했다. 아내는 얼마 동안 전화기에 매달려 있다가 왔다. 무슨 이야기를 그렇게 오래 하였느냐고 묻자, 어머니가 나의 근황에 대하여 끊임없이 질문을 해서 곤혹을 치렀다고 대답해 주었다. 어머니는 무언가 이상한 낌새를 느끼신 것 같았다. 바쁘다는 말 한마디가 어머니의 동물적 감각을 완전히 무디게 하기에는 역부족인 듯이 보였다.

막내 동생이 사고로 세상을 하직하던 날을 떠올렸다. 그때는 치매를 앓고 계시던 아버지도 살아 계셨었다. 팔십 세를 훨씬 넘긴 노령의 부모님에게 막내 동생의 불길한 소식을 갑자기 알려 드리는 것이 무척 걱정되어 두 분을 모시고 병원 장례식장으로 곧바로 들어설 수가 없었다. 주위를 빙글빙글 돌다가 "오랜만에 부모님을 모시고 나왔으니 점심을 사드리고 싶습니다. 잡숫고 싶은 음식이 있으면 말씀하세요."라고 했다. 치매에 빠진 아버지는 그저 빙글빙글 웃으시기만 하셨고 어머니가 말씀하셨다.

"네 아버지가 삼계탕을 좋아하시니 그것을 사 드려라."

가장 맛이 있다는 삼계탕집을 수소문해서 찾았다. 아버지는 무척 맛있게 음식을 잡수시는데 어머니는 몇 수저 드시더니 "오늘은 왜 그런지 영 맛이 없다." 하시면서 수저를 놓으셨다. 동생이 안치된 영안실을 방문했다. 한 분은 목 놓아 흐느껴 우셨고 한 분은 빙글빙글 웃으시면서 나를 멍한 눈으로 쳐다보고 계셨다. 자식이 죽었는데도 말이다.

수술받은 몸이 어느 정도 회복되자 어머니에게 건강하다는 점을 확인시켜 드리고 싶어서 전화를 걸었다.

"어머니 전데요. 건강하시죠?"

"누구여. 대구 애냐? 그려. 나는 괜찮아. 그런데 너는 괜찮냐?"

"그럼요. 이렇게 괜찮잖아요."

건강하다는 것을 확실하게 확인시켜드리고 싶어 목소리에 힘을 실었다.

"그려. 너는 병원에 있으니까 네가 알아서 혀."

거짓말하는 것을 어머니가 왜 모르시겠는가. 그렇지만 진실을 안다고 해서 팔십구 세의 노모가 무엇을 해 줄 수가 있겠는가. 전화를 끊었다. 중학교 시절 자전거를 타고 학교에 가다가 넘어져 다리를 다친 일을 떠올렸다. 친구한테서 아들이 병원에 갔다는 소식을 들은 어머니는 밭에서 일하시던 모습 그대로 병원으로 단숨에 달려와 내 다리를 붙잡고 하염없이 눈물을 흘리시던 분이시다.

이제 수술받은 몸도 어느 정도 회복하였으니 고향으로 가서 노모를 찾아뵈어야 할 것 같다. 자식이 죽었다는 소식을 듣고서도 멍한 눈길만 보냈던 아버지처럼 어머니도 이제는 내가 나쁜 병에 걸려 수술을 받았다는 사실을 안다 하더라도 어떻게 할 수가 없을 것이다.

어릴 적 개를 키운 적이 있었다. 개가 새끼를 낳아 강아지를 데리고 있던 어느 날이었다. 어린 강아지가 대문 문시방에서 장난을 치다가 바람에 대문이 갑자기 닫히면서 한쪽 다리가 문틈에 끼인 적이 있었다. 사랑채 부엌에서 쇠죽을 끓이던 내가 놀라 대문을 열고 강아지의 다리를 꺼내 주었다. 강아지는 다친 다리를 절뚝거리며 마당 저쪽으로 달아나 버렸다. 동네에서 저녁 늦게까지 놀다가 대문을 열고 집안으로 들어서던 때였다. 쇠죽을 끓이던 아궁이 앞에 검은 물체가, 아직 완전히 사라지지 않은 불빛에 비쳐 보였다. 그것은 아까 발을 다친 강아지와 어미개였다. 어미개가 다리를 다친 강아지를 아궁이 앞에 데려다 놓고 혀로 다리의 상처를 핥아주고 있었다.

고향집에 가면 어머니는 내 수술 상처를 보려고 할 것이다. 그리고는 안쓰러운 눈초리로 상처들을 하나하나 훑어보며 손으로 그것들을 조심스럽게 쓰다듬을 것이다. 어미개가 말없이 강아지의 상처를 입으로 핥듯이 그렇게 말이다. 그리고는 눈물을 흘릴 것이다. 그 외에 그녀가 할 수 있는 일이 무엇이 있겠는가? 무슨 병으로 수술받았느냐고 물어도 가벼운 병이라고 둘러댈 것이 틀림없는 불효의 자식을 붙잡고 말이다.

와불臥佛

3월 초의 오후는 길지 않았다. 숲으로 둘러싸인 사찰에서는 더욱 그러했다. 햇살은 벌써 절 마당을 지나 대웅전 쪽으로 길게 누웠다. 서둘러 성보 박물관 안으로 들어선다.

문 앞에는 전지에 붓으로 쓴 불경을 전시하고 있다. 어느 정년퇴임한 거사가 새벽 다섯 시에 일어나 육 년 육 개월 동안 한글 화엄경 팔십 권을 사경寫經한 것이란다. 글자 수가 백팔만 오천 자, 전지 사천팔백 쪽, 길이가 백육십팔 미터가 된다고 한다. 그는 왜 저 글들을 썼을까? 옛날 인쇄술이 발달되기 전이라면 불경을 사경한다는 사실이 생경스러운 일은 아닐 것이다. 그렇지만 지금은 복사 기술마저 뛰어나 저토록 피나는 노동을 하지 않아도 선명한 불경을 만들 수가 있지 않은가.

이유는 아마 자신에게 있었을 것이다. 정년 후 무엇인가 존재의 회의를 느끼고 마음속 공허와 갈등을 가라앉히기 위하여 붓을 들고 정신을 집중했을 것이다. 참자, 남은 삶이란 견디며 나아가는 것이다. 한 글자 한 글자 쓰면서 견디는 힘을 시험하고 한 땀 한 땀 나아감을 실감하였을 것이다. 거기에서 만족을 찾고 자신의 노동의 가치와 성취감을 느꼈을 것이다. 거사의 뼈를 깎는 고통을 떠올리니 내가 가진 커다란 병이 갑작스레 작아보였다. 나도 내 병을 보듬고 치료하면서 참고 견디자. 그러면 그분이 저 불가능할 것 같던 거대한 일을 해낸 것과 마찬가지로 나도 내 병을 치유해 낼 수 있지 않겠는가.

옆방으로 들어서니 많은 고승高僧들의 초상화가 벽에 걸려있다. 엄숙하고 조용하다. 물끄러미 그림들을 둘러보니 침묵이라는 단어가 떠오른다. 고승들은 중생을 가르칠 때 말보다는 침묵으로 했을 것이라는 생각도 든다. 근엄한 표정과 굳게 닫혀있는 입들이 그것을 암시한다. 나는 진리를 가르치는 데에는 침묵이 말보다는 우위에 있다는 생각을 한다. 말은 공중에 날아다니며 소통하기 때문에 생존의 길이가 짧지만 침묵은 감정으로 소통하기 때문에 한번 가슴에 와 박히면 거의 영구적이라는 생각 때문이다.

나는 실제로 칼을 대서 내 가슴을 여러 번 열었다. 가슴이 열렸다 닫히는 동안 많이 아파하기도 했다. 내가 아프니 타자의 고통이 보였다. 열린 가슴으로 생살을 건드리며 들어오는 듯한 타자의 아픔은 나에게 진심으로 남의 고통을 이해하며 살아가라고 침묵으로 가르쳐주는 듯도 했다.

성보 박물관을 나와 쌍거북바위 쪽으로 발걸음을 옮긴다. 자그마한 연못가에 거북 형체를 한 돌이 소나무 밑에 웅크리고 있고, 옆에는 삼존불상이 새겨진 돌이 병풍처럼 서 있다. 연못 안에는 조그만 돌확이 놓여있고 파인 구멍 안에는 여러 개의 동전들이 소복이 쌓여있다. 연못가에 세워진 설명문에는 이곳에 와서 기도를 하면 무병장수, 가정의 화평, 소원 성취가 이루어진다고 쓰여 있다. 아! 나도 일찍이 와서 빌었어야 했다는 생각이 든다. 그랬다면 초췌한 모습의 아내가 날마다 병실에서 내 곁을 지키는 고생은 하지 않아도 되지 않았을까.

신은 어디에 숨어서 소원을 비는 자들에게 이룸을 가져다주는가. 신의 존재를 증명하는 음성을 들은 것은 단 한 번뿐이라고 한다. 아담이 금단의 열매를 따먹는 죄를 짓는 순간 하느님의 음성이 들렸다고 성서는 기록하고 있다. 인간이 다시 원죄를 짓지 않는 한 신의 음성을 들을 수는 없을 것이다. 신은 숨어서 인간의 갈구를 굽어보며 헤아려 자신의 재량으로 소원을 풀어 줄 것이다. 이만큼이라도 건강을 회복시켜주신 신에게 감사를 드리며 동전 하나를 돌확에 던진다. 하루하루 앞으로의 삶이 신의 찬란한 축복 때문이라는 것을 잊지 않고 살아가도록 해달라고 기원하면서.

삼존불상이 새겨진 돌의 뒷면을 보니 와불臥佛이 조각되어 있다. 비스듬히 누워 오른손으로 머리를 받치고 얼굴에 인자한 웃음을 띤 모습이다. 와불의 모습은 부처님의 열반하는 모습이라고 하던데 한 생의 경계를 저렇게 평화로운 모습으로 넘어갈 수도 있구나! 나도 저런 알듯 모를 듯한 미소를 얼굴에 띠며 저세상으로 훌쩍 갈 수만 있다면 얼마나 행복할까.

병원에서 경험했던 많은 죽음들을 떠올린다. 인간적인 생명을 기준하기보다 생물학적인 생명을 기준하여 치료해 왔었다는 생각을 한다. 호흡이 멈추면 인공호흡기를 사용하여 숨을 쉬도록 만들었고, 혈압이 떨어지면 혈압상승제와 수액을 공급하여 심장이 멈추지 않도록 노력했다. 문득 그런 삶이 무슨 의미가 있었을까 하는 회의懷疑가 생긴다. 그런 삶은 환자의 의지가 아니라 법과 의사들의 강요라는 생각도 든다. 내가 의사이기보다 많이 아픈 환자가 되어보고 나서다.

나는 인간의 존엄을 유지하면서 죽음을 맞이하고 싶다. 마지막에 어떤 상황이 야기될지는 알 수 없지만 재발한 암이 내 목을 움켜쥘 것이라는 건 확실하다. 잡힌 물고기가 수면 위로 입을 내밀며 한 줌의 공기를 갈구하듯, 가쁘게 숨을 쉬다가 생을 마감할 수도 있다. 어쩌면 뼈로 전이한 암의 가지에 찔려 수없이 많은 고통의 신음을 내뱉다가 삶을 끝낼 수도 있다. 뇌 속으로 전이한 암이 내 의식을 야금야금 파먹은 나머지 무의식 상태가 되어 저세상으로 갈 수도 있을 것이다. 어떤 종류의 죽음이 다가오더라도 그 시기가 되면 나는 의료인들에게 단지 나의 고통을 경감시켜주는 치료만 해달라고 요구하고 싶다. 생물학적인 생명이 아니라 인간적인 생명을 삶의 끝으로 경계 삼고 싶기 때문이다. 얼굴에 잔잔한 미소를 띠며 생의 경계를 넘어가고 있던 와불처럼.

장승

두 번째 수술을 받고 집에서 요양 중이다. 내시경으로 수술해서인지 처음 수술 때만큼 고통스럽지는 않다. 왼쪽 암이 초기라는 소견이 또한 힘을 북돋아 준다. 모든 것을 정리하려고 했던 마음도 다시 한 번 더 해보자 하는 심정으로 변한다. '그래, 삶이란 다 끝이 있는 것이 아닌가. 모든 생명체는 깊은 낭떠러지에서 밧줄을 잡고 있는데 시간이라는 쥐가 밧줄을 조금씩 갉아먹는 것이라고 하지 않던가. 건강한 사람과 아픈 사람과의 차이는 쥐의 형체를 보고, 보지 못한 차이밖에 없다고 하지 않던가. 그렇다면? 그래, 한 번 더 희망을 가지고 시작해보자. 시작을 꿈꾸는 자는 아름답고 장하다고 하지 않던가?' 등산복 차림으로 차를 몰고 집을 나선다.

월드컵 경기장 옆에 청계사라는 표지판이 있었던 것을 기억해낸다. 한 번도 가본 적이 없다. 마음이 바빠서였을 것이다. 뭔가에 쫓기고 쫓겨 자신이 쫓기는지 어쩐지도 모르고 허겁지겁 살아오다가 병을 얻고 난 지금에서야 문득 그곳에 가보려고 하는 마음의 여유가 생긴 것이다. 죽을 둥 살 둥 허겁지겁 산을 오르다가 숨이 차서 걸음을 멈추고 뒤를 바라보는 심정이다.

월드컵 경기장 길을 벗어나 청계사 표지판을 따라 차를 몰고 간다. 산굽이 오르막길을 따라 오르니 저수지가 있고 둑길을 지나니 차를 갓길에 주차하도록 만든 약간 넓어진 공간이 보인다. 차에서 내리니 3월 초의 날씨는 아직 싸늘하다. 폐부 깊이 들이마시는 공기는 맑고 산뜻하고 쨍하다. 시냇물이 저수지로 흘러 들어오는 입구의 뭍에는 백로 한 마리가 우두커니 서 있다. 누구를 기다리는 것일까? 이태백李太白의 〈백로자白鷺鶿〉라는 한시 한 줄이 떠오른다.

> 심한차미거心閑且未去　마음이 한가로워 가지를 않고
> 독립사주방獨立沙洲傍　외로이 우두커니 물가에 섰네

청계사 쪽으로 터벅터벅 걷는다. 앙상한 나무들, 나뭇가지들, 덤불들이 엉성하게 서로 얽혀 숲을 이루고 있다. 그토록 이글거렸던 지난여름의 열정과 풍성함을, 붉고 노랗고 환하던 가을 숲의 화려함과 하늘을 뚫을 듯한 자존감을, 풍상風霜과 풍설風雪을 맞아 초라하게 말라비틀어진 몸으로 땅 위를 덮고 있는 낙엽만이 보여주고 있다. 인간도 마찬가지일 것이다. 이글거렸던 열정으로 몸을 불살랐던 청춘, 원숙과 풍요로 자존감이 하늘을 찌르던 장년, 낙엽 같은 노년의 시절, 그러다가 문득 생명이라는 끈을 붙잡고 흔들리고 있는 병든 몸의 삶이 닥쳐왔을 수도 있다.

조금 더 청계사 쪽으로 오르니 얼음 밑으로 시냇물이 흘러내린다. 졸졸졸 흐르는 시냇물 소리가 청초하고 맑고 투명하다. 주절대듯 흐르는 시냇물 소리, 봄에 잎과 꽃을 피우기 위해 나무들 몸속으로 오르는 물소리, 아무도 눈치채지 못하게 눈이 하얗게 온 날밤, 흰 눈 위에 발자국을 하나 둘 만들며 집으로 돌아오던 때, 눈구름 걷힌 하늘에서 노란 달빛과 흰 빛의 별빛이 발자국 안으로 내리던 소리, 이른 봄 창가에 그림자를 만들고 있던 매화가지에서 사춘기 여자 아이의 젖꼭지를 닮은 꽃봉오리가 꽃잎을 여는 소리……. 이제는 이런 아름다운 소리를 듣기가, 상상하기가 거의 불가능해졌다.

청계사 절에 도착하기 직전 차茶라는 간판을 단 건물이 있어 입구를 찾으니 열쇠가 잠겨져 있다. 주위를 살피니 나무로 깎은 원앙 한 마리가 난간에 외롭게 놓여있고, 하얗게 변한 커다란 나무뿌리가 울타리 벽에 거꾸로 세워져 있으며, 찻집 맞은편에는 나무를 깎아 만든 목木장승이 초라하게 서 있다.

목장승은 퉁방울 같은 눈에 마늘쪽 두 개를 붙여놓은 것 같은 코에 입을 한껏 벌리고 웃는지 무슨 말을 하는지 가늠하지 못할 그런 모습이다. 윗니와 아랫니가 툭툭 솟아 나왔는데 윗니는 뻐드렁니, 아랫니는 군데군데 빠져 있다. 몸체부위는 그런대로 원형을 유지하고 있으나 머리 부분은 부식되어 형체가 흐트러진 모습이다. 좋은 것도 싫은 것도 오래전 표정에서 떠나보낸 촌로村老의 얼굴 같지만 상처받은 모습이 처량하고 보기 싫다.

장승이 마을을 지키고 횡액을 막는다는 믿음으로 세워진다면 장승의 처음 모습은 저렇게 상처받고 초라하지는 않았을 것이다. 왕방울 같은 눈을 부라리며 촘촘히 박힌 이빨들을 자랑하며 고함치듯 입을 벌리고 당산나무와 함께 마을 초입 언덕에 늠름하게 서 있었을 것이다. 그러다가 마을의 초가지붕이 함석이나 기와로 바뀌고 흙벽이 시멘트로 바뀌면서 마을 초입의 길이 넓혀지고 시멘트가 깔리던 날, 당산나무는 잘려나가고 그 뿌리와 장승도 뽑혀져 길바닥에 버려졌을 것이다. 자비라는 화두에 매달려있던 이곳의 스님이 어느 날 그곳을 지나다가 그것들을 이곳으로 옮겨와서, 장승은 세우고 나무뿌리는 찻집 담벼락에 거꾸로 세워놓았을 것이다.

한참 동안 애처롭게 서 있는 장승을 물끄러미 바라보다가 문득 저렇게 온몸이 부식되고 상처받은 장승이지만 지난겨울의 혹독한 찬 바람과 눈보라를 꿋꿋이 견디면서 이곳에 서 있었다는 생각이 들었다. 어쩌면 지난겨울뿐 아니라 그 전의 많은 겨울도 그렇게 견디었을 것이란 생각 또한 들었다. 그 사실은 태생적 의무인 절터의 경계를 짓고 횡액을 막았는지에 대한 논의와는 별개인 것 같다. 자신의 몸이 부식되고 망가지는 아픔을 참으면서 꿋꿋이 자신의 의무를 다하고자 퉁방울 같은 눈을 부릅뜨고 저 자리에서 서 있다는 자체만으로도 충분한 가치가 있을 것만 같았다. 마치 이빨이 빠지고 허리가 굽은 촌로가 일은 못할지언정 고향의 품위를 지키려고 잔소리를 하면서 위엄을 보이는 모습처럼 말이다.

그렇다. 이 세상 모든 것들은 시간에 상처를 입고 그 아픔을 안고 살아가면서 소멸의 과정을 겪는다. 상처의 아픔은 누구에게나 쉽게 치유되고 잊히지 않는다. 치유되었다고 생각했던 상처도, 망각의 세계로 사라졌던 상처도, 문득문득 한 번씩 바닷속에서 훌쩍 머리를 쳐들고 나타나는 물고기처럼 솟구쳐 올라와 자신의 존재를 확인시켜 준다. 그래서 상처는 완전히 치유해서 살아가는 것이 아니라 견디면서 사는 것이다. 저 장승처럼.

나도 한때는 새로 세운 장승처럼, 우람한 당산나무처럼 한 영역을 경계 짓고 그곳을 수호신처럼 굳건히 보호하며 살았던 시대도 있었다. 그렇지만 시간이라는 독약은 누구에게도 예외를 두지 않아서 그 독약에 서서히 젖어든 나는 이제 이렇게 늙고 병들고 허약한 몸이 된 것이다. 그렇지만 저 초라한 장승도 저렇게 상처받아 망가진 아픔을 참으면서 차고 매서운 겨울바람을 견디며 자신의 의무를 다하려고 하고 있지 않은가. 그래, 나도 병과 수술로 생긴 상처의 아픔을 참고 다시 한 번 더 해 보자. 적어도 내 모습은 저 장승만큼 처참하게 망가지지는 않았지 않은가.

장끼와 까투리

오늘도 집을 나선다. 아내는 나의 산 오름과 병의 치유가 절대적 상관관계가 있다고 믿는 눈치다. 조금이라도 산을 오르는 것을 귀찮아하는 표정을 보이면 금세 힘없는 표정을 짓는다. 그것은 나에게 산을 오르라는 강력한 압력 수단이 된다. 암에 걸린 남편이, 앞으로 험한 세상을 혼자 살아갈지도 모른다는 공포감에 젖어 있는 아내의 슬픈 표정을 외면하고, 제 마음대로 행동할 수 있는 자가 이 세상 어디에 있겠는가.

내가 앞서고 아내가 뒤따른다. 등산길 옆으로 탱자나무가 줄지어 서 있다. 자신의 온몸을 가시로 감싸고 고행하고 있는 모습처럼 보인다. 잎을 모두 떨구고 침묵하고 시 있는 그 모습을 보는 것은 쓸쓸하다. 아픈 몸을 이끌고 산행하는 마음을 가시들이 자꾸만 콕콕 찌르는 것 같다. 가시가 가시를 알아보듯 상처가 상처를 알아본다고 한다. 아내 이외에 누가 내 아픈 상처를 알아보겠는가.

어릴 적 고향에는 탱자나무로 울타리를 한 집들이 많았다. 지금이야 모두 양옥으로 바뀌고 울타리도 시멘트벽돌담으로 변했지만 그때는 거미줄이 이곳저곳 쳐져 있는 탱자나무가 훌륭한 담 역할을 했다. 고등학교 시절, 대도시의 번잡함에 적응 못하고 한 번씩 몸과 마음이 피곤하여 고향에 돌아올 때면, 탱자나무길은 포근한 어머니의 품처럼 나를 감싸안고 다독거려 주곤 했다. 위축되고 움츠렸던 마음은 언 발을 따뜻한 물에 담갔을 때처럼 느긋하게 풀어졌다.

탱자나무 사이로 내가 돌아오는 것을 발견한 고향의 친척분들은, 나의 피곤하고 지친 마음은 상상도 하지 못하시고, 단지 들어가기 힘든 학교에 다닌다는 이유 하나만으로 선망의 눈초리와 부러움을 얼굴에 가득 띄우면서 나를 반갑게 맞아주었다. 그러한 환영은, 잔고가 바닥난 은행통장에 예금액을 채워주는 것처럼 나에게 큰 힘을 북돋아 주었다.

탱자나무길을 벗어나니 내리막 오솔길이다. 길옆으로 굴참나무 나뭇잎들이 두텁게 쌓여 있다. 뒤돌아보니 아내는 아직도 탱자나무 언덕길을 오르고 있다. 한 번씩 걸음을 멈추고 우두커니 탱자나무 숲을 바라보기도 한다. 그녀도 그녀만의 탱자나무 숲에 얽힌 이야기를 가슴에 품고 있을 것이다. 가시 옆으로 하얗게 피는 탱자나무꽃을 상상하면서, 꽃향기를 닮은 듯한 그녀의 사춘기 시절이나 우리들의 젊었던 시절을 떠올리고 있는지도 모른다. 노랗게 익은 탱자를 상상하면서 그 향을 닮은, 우리들 노년의 삶을 상상하고 있다가 노란 탱자의 표면에 생긴 검은 얼룩 같은 병든 내 몸을 인식하고는, 그러한 바람이 갑자기 사라진 것만 같아 슬퍼하고 있는지도 모른다.

다시 걸음을 옮기니 덤불 속에서 무언가 빠르게 움직이는 것이 보인다. 앞에 가는 것은 화려한 몸을 지닌 장끼이고 급하게 뒤를 쫓는 것은 까투리다. 먹이를 찾으러 여기까지 내려온 모양이다.

고향에서도 겨울이면 그랬다. 장끼가 꿩꿩 하면서 먹이를 찾아 집 뒷산을 휘젓고 다니고, 까투리는 바람난 남편을 뒤쫓는 아내처럼 사생결단으로 그의 뒤를 쫓아 달리는 모습이 흔히 발견되곤 했다. 수놈은 삶을 위하여, 암놈은 사랑을 위하여 달린다고 생각하기도 했다.

그렇게 자웅雌雄이 엄격히 구별되고 절개를 지키는 꿩에게 못된 짓을 한 부끄러운 기억이 있다. 궁핍했던 어린 시절, 고기가 필요했다. 아이들뿐만 아니라 모두가 고기라면 물불을 가리지 않고 먹고 싶어 했다. 겨울이면 조무래기들은 등잔불이 아늑히 밝히는 사랑방에 모여서 귀이개를 닮은 조그만 연장으로 콩 속을 파냈다. 청산가리 조각을 아주 조금 떼어내어 속을 파낸 콩 속에 집어넣고 촛농방울을 입구에 떨어트려 막았다. 늦은 오후 그것들을 추수가 끝난 논

바닥이나 논둑에 뿌렸다. 다음날 아침 그곳에 가보면 장끼들이 이곳저곳 혹은 조금 떨어진 숲 속에 쓰러져 있곤 했다.

까투리의 시체들은 드물었다. 화려한 깃털을 가진 장끼들의 시체만 장렬하게 전사한 듯이 여기저기 눈에 띄었다. 까투리들을 보호하려고 장끼들이 의심되는 음식을 먼저 시식하고 그렇게 죽었는지도 모른다는 생각이 들기도 했다. 이리저리 죽은 꿩을 찾으러 숲 속을 헤맬 때면 근처에서 갑자기 까투리들이 도망치는 모습이 발견되기도 했다. 죽은 장끼의 모습을 보는 것도, 배우자의 죽음을 애도하면서 선뜻 그곳을 떠나지 못하고 배회하고 있는 까투리의 모습을 보는 것도, 내 마음을 한없이 슬프고 아프게 했다.

어머니가 잡아온 꿩으로 요리를 해 주신 날이 있었다. 모든 식구가 꿩 요리를 맛있다고 먹었다. 나도 꿩고기 몇 점을 입에 넣었다가 이내 숟가락을 놓았다. 죽어 누워 있던 장끼의 모습이 눈앞에 어른거리고 주위에서 서성대던 까투리가 생각나서였다. 그날 나는 체했다는 어머니의 진단 하에 바늘로 엄지손가락을 찔러 피를 내는 치료를 받았다. 다른 식구 누구도 문제가 생긴 사람이 없었지만 꼬박 이틀을 고생했다. 그 후 한동안 꿩고기는 물론 닭고기도 입에 대지 않았다.

아내가 옆으로 온다. 장끼와 까투리를 보았다고 말한다.

"어디?"

아내가 묻는다. 장끼와 까투리가 사라진 쪽을 가리킨다. 미래에 어쩌면 나와 아내의 모습이 어릴 적 보았던 장끼와 까투리의 모습처럼 변하게 될지도 모른다는 생각으로 쓸쓸한 표정을 지으면서.

갑자기 눈발이 날린다. 올려다보니 나뭇가지 사이로 티끌 같은 물체들이 하늘 높은 곳에서 빽빽하게 내려오고 있다. 한참 바라보니 티끌 같은 모습은 점점 커지고 얼굴 가까이 와서는 눈송이로 변한다. 쳐든 얼굴에 눈송이가 떨어질 때 선뜻선뜻 차가웁다. 그래도 기분은 확실히 좋다. 얼마 만에 보는 함박눈인가. 주위가 차츰 흰색으로 변한다. 아내가 다가와 다정하게 손을 잡는다.

"어, 저기 장끼와 까투리가 또 달려가네." 아내가 말한다.

"어, 정말 그러네. 야산인데도 꿩이 많구나. 두 마리가 같이 달려가니 보기도 좋고……."

꿩이 사라진 곳을 물끄러미 바라보는 아내의 눈길은 미묘하고 다양하다. 건강한 꿩부부의 모습이 부러운 듯한 눈길 같기도 하고, 내가 건강했을 때의 한때를 떠올리는 듯한 것도 같았으며, 어쩌면 내가 없어졌을 때의 고독을 느끼는 듯도 하다. 숲에는 소리 없이 자꾸만 눈이 쌓이고 있다.

종소리

이월 초의 날씨는 아직 차다. 수술받고 퇴원한 후 처음 병원에 들르는 날이다. 외래로 진찰받으러 가기 전에 연구실로 발길을 옮긴다. 교수들이 모두 근무를 하러 가서인지 연구동 복도는 조용하다. 밝지 않은 형광등이 나를 혼자 반긴다. 은은한 불빛 속에서 포근함을 느낀다. 불빛의 강도가 강렬하였다면 낯섦을 느꼈을 것이다.

내 연구실 문을 연다. 열흘 만이다. 방안에는 온기가 있다. 내가 존재하지 않아도 중앙집중식 보일러는 체온과 비슷한 온기를 방안에 넣은 모양이다. 형광등 스위치를 올리니 방안의 모습이 다가선다. 달팽이의 각질이 몸체를 껴안듯 연구실 방이 나를 꼭 싸안는다. 달팽이가 촉수로 몸을 감싸듯 두 손으로 머리를 움켜잡고 책상 앞 의자에 앉는다.

컴퓨터를 켜고 메일을 확인한다. 많은 편지들이 나의 존재를 확인해 준다. 외부와의 소통이 끊어지는 순간 존재는 사라진 것이 될 것이다. 필요 없는 편지들은 지우고, 몇몇 편지는 답장을 보내고, 몇몇 중요한 편지는 남긴다. 살아있다는 것을 실감하고, 조직에 속해 있다는 점에 안심한다.

방사선과에 가서 가슴 사진을 찍는다. 기사가 약간은 어색한 동작을 취하며 사진 촬영을 한다. 일반 환자를 대하는 것처럼 행동하기도 어색하고 그렇다고 엄연한 환자를 윗사람으로 대하자니 자존심이 상하는 듯한, 그런 어정쩡한 모습이다. 촬영이 끝난 후 사진을 보자고 하니 기분이 상하는 듯 내 얼굴을 한 번 쳐다보고 보여준다. 바쁜데 미안하다는 말을 해 준다. 근무한 지 얼마 안 되는 신입사원처럼 보인다.

수술한 쪽 폐의 하방이 희게 보인다. 물이나 피가 차 있는 것 같다. 다시 손을 대야 하는 것은 아닌지 순간 걱정이 되어 얼굴이 어두워진다. 기사도 힐끔 내 눈치를 본다. 사진 촬영한 자기가 잘못해서 그렇게 된 것처럼 미안해하는 표정을 짓는다. 외래로 발길을 옮긴다. 한 번씩 기침을 한다.

흉부외과 외래에는 환자가 별로 많지 않다. 간호사가 나를 알아보고 급히 주치의에게 통보한다. 주치의가 내 수술 상처를 점검하고 가슴 사진을 본다. 걱정스런 표정을 짓자 폐에 차있는 것들은 시간이 지나면 흡수된다고 안심을 시켜 준다. '흉부외과는 참 좋겠다.'라는 생각이 든다. 만약 뇌를 수술한 부위에 저렇게 피나 액체가 고인다면 환자는 틀림없이 사망하거나 심한 장애가 생길 것이다.

주치의가 수술 부위 상처의 실밥을 제거한다. 약간 따끔거린다. 시원하기도 하다. 상처 부위를 물끄러미 바라본다. 문득 삶이란 반복적으로 상처를 주고, 받고, 치유해가는 과정 같다는 생각이 든다. 사람들은 상처들이 치유될 때까지 육체적으로 혹은 마음으로 많이 아파할 것이다. 치유된 후에도 상흔들이 남을 것이다. 그것들은 살아가는 동안 한 번씩 흉물스런 모습을 밖으로 보이기도 하고 가슴을 아리게 하는 아픔을 주기도 할 것이다. 실밥 뽑은 상처에 소독약이 칠해진다.

연구실로 돌아와 가운을 벗는다. 물끄러미 벗어놓는 가운을 바라본다. 언젠가 친구가 이야기를 한 적이 있다. 가운 입은 사람 앞에서는 거짓말을 하지 않는다고. 아무리 화가 나도 흰 가운을 붙잡고 멱살잡이는 하지 않는다고. 나도 그 위력을 경험했었다. 수술받고 고통에 시달릴 때, 평상시에는 거추장스럽게만 보이던 흰색의 무명천이, 그렇게 숭고하게 보이던 것을. 흰 가운을 걸치면 마음을 가다듬고 생활해야 하겠다고 다짐한다.

연구동을 나서니 입구의 백목련이 솜털로 싸인 작은 붓 모양의 꽃봉오리를 가지에 달고 있다. 겨우내 앞산을 넘어 바다에서 실어왔는지, 밤마다 별빛이 천상에서 얻어왔는지, 싹을 틔운 것이다. 날씨가 따뜻하게 변해가면 그것들은 나이가 차 가는 처녀처럼 날마다 도톰해지며 모양을 낼 것이다. 어느 시기가 되면 갑자기 몸을 풀고 아름다움과 향기와 꽃가루와 깊이 숨긴 꿀까지 아낌없이 준 후에 후다닥 질 것이다.

사택 지역으로 발걸음을 옮긴다. 상징적으로 전시한 교회의 종을 본다. 어느 교회에서 울리던 종인지는 몰라도 어릴 적 보던 교회의 종이다. 농촌과 도시의 낮과 밤은 달랐다. 농촌에서는 아침도, 밤도 빨랐다. 저녁 숟가락을 놓자마자 일찍 잠들었고 동쪽 하늘이 희끄무레해지면 일찍 일어났다. 일요일이면 아버지의 호통 소리에 잠이 깨어 날이 밝기 전 일을 시작했다. 열 시만 되어도 배가 출출해졌다. 그때, 건넛마을 언덕에 있던 교회의 종이 댕강댕강 울리곤 했다. 종이 울리는 그곳으로 가고 싶었다. 성경을 읽고 설교를 듣고 싶어서가 아니라 오직 힘든 노동의 현장에서 합법적인 방법으로 빠져나가고 싶어서였다. 간식거리로 주던 빵과 사탕도 나를 유혹했다.

아버지는 교회의 종을 무시했다. 사후死後가 아니라 현실을 더 중요시했다. 아버지의 머릿속에서 지옥과 천당은 의미 없는 하나의 단어로만 존재했다. 아버지에게 사후의 안락과 벌에까지 관심을 둘 만큼 현실이 만만하지는 않았던 것 같다.

"애야, 어디다 신경 쓰고 있냐? 박자가 맞아야 물을 흘리지 않지."

개모시줄로 만든 두레박 끈을 잡고 몸을 뒤로 젖히며 냇물을 논으로 품어 올리는 나를 보시고 아버지가 호통을 치셨다.

'아, 떠나고 싶다. 힘든 농촌의 노동에서 벗어나고 싶다. 저 울려 퍼지는 종소리를 따라 기회의 땅, 대도시로 나가고 싶다.'

……누구를 위하여 종을 울리나/ 이를 위하여 사람을 보내지는 말지라/ 종은 바로 그대를 위하여 울리는 것이므로.

– 〈누구를 위하여 종을 울리나〉일부. 존 던 Donne, John

그렇게 종소리를 따라 열다섯 소년은 고향을 떠났다. 기회의 땅으로 생각했던 도시에서 오십여 년을 보낸 후 그때 꿈을 심어주었던 교회의 종을 지금 바라보고 있다. 농촌 일의 어려움을 경험하고 그 생활을 벗어나기 위하여 도시에서 최선을 다하도록 다그치던 선친도 이미 이 세상에 없다. 이월 초의 날씨는 아직 차다. 바람이 휘 불면서 차가움이 뺨을 스친다. 문득 정신이 든다.

"내 아들이 그렇게 약하냐?" 하는 아버지의 호통소리가, "종은 바로 그대를 위하여 울리는 것이다."라는 종의 울림이, 바람결을 타고 들리는 듯도 하다.

지나간 것은 거짓말을 하게 한다

아침 식사 후 아내가 서두른다. 미장원에서 머리를 매만지자고 어머니를 부추긴다. 얼굴이 창백하고 간헐적으로 해대는 기침은, 오랜만에 고향집에 온 자식에게 모든 관심을 쏟는 어머니에게 의심을 불러일으킬 확률이 많아서였을 것이다.

어머니는 얼굴에 부끄러움을 띠면서도 외출 준비를 하신다. 검은 얼굴을 비누로 여러 번 씻고 물 묻은 손으로 헝클어진 머리도 다듬는다. 씻어도 검은색만 도드라지는 얼굴색이 가슴을 쓰리게 한다. 아프다는 사실과 그것을 숨기는 죄책감으로 어머니가 더욱 안쓰럽다. 무엇인가 이상한 자식을, 나이 든 어머니를, 자식과 어미가 서로 불씽하고 인쓰럽게 보고 있다.

읍에서 단골 미장원을 찾는다. 어머니가 두리번거리다가 도로가의 조그만 간판을 가리키신다. 미장원 앞에 차를 세운다. 아내가 어머니를 부축하며 차에서 내린다. 허리가 굽고 다리가 유연하지 못한 어머니는 몇 번이나 엉덩이를 들썩거리다가 내리신다. 두 시간쯤 후 다시 오라고 한다. 무엇으로 그 시간을 때울까 궁리한다. 문득 오래전에 졸업한 중학교에 가보고 싶다. 건강할 때는 시시한 존재같이 느껴졌는데 몸이 아프니 고향처럼 그리운 존재로 둔갑한다.

옛날 오르던 언덕길을 찾는다. 없다. 비슷한 길이 있기는 한데 찻길로 넓혀져 있다. 이 길이 맞을까 하고 머리를 갸웃해 본다. 통학하는 기차에서 내려 한 떼의 무리를 이루며 걸어 올라가던 길, 장난치며 웃느라고 정신없이 걷다가 문득 마주친 교문 앞 규율부 선배, 교복 단추 두 개를 열어놓고 삐뚜름하게 쓴 모자는 무거운 가방 때문이라고 변명했지만, 선배는 두말없이 엎드려뻗쳐를 시켜놓고 궁둥이에 두 대씩 매를 쳤다.

교문을 찾으니 없다. 길도 차단되어 교회 쪽으로 굽어져 있다. 교회 앞마당에 차를 세우고 둘러본다. 아, 이곳은 고등학교 입학시험을 치르기 전 2개월간 하숙하던 집이 있던 곳이다. 겨울의 찬 공기 속에서 이불을 뒤집어쓰고 풀던 수학문제들, 손이 얼어 연필도 잘 잡혀지지 않아 삐뚤거리는 숫자로 찾아가던 과정의 끝 정답, 되돌아 검토해서 답이 맞을 때의 희열감, 그 화끈거리는 열감으로 길고 추운 겨울밤을 무사히 보낼 수 있지 않았던가.

같이 하숙하던 다른 학교 선생님들, 일류 고등학교 입학시험을 준비한다는 이유 하나로 모르는 수학 문제를 들고 가면 거절하지 않고 풀어 주시던 고마운 분들, 간호사가 되는 것이 꿈이라고 학원 보내달라고 간청하던 하숙집 딸, 고등학교 졸업 후 빈둥대다가 저녁이 되면 깔끔하게 차려입고 외출하면서 불러대던 하숙집 아들의 팝송, 그들은 다 어디로 갔을까?

중학교 쪽으로 다시 돌아온다. 조그만 길이 학교 안으로 연결되어 있다. 눈에 익은 반송이 서 있다. 3학년 교실 앞을 지키던 소나무다. 그때의 모습과 크게 다른 것 같지가 않다. 교실 안쪽을 기웃거린다. 청소 도구와 폐기된 책상, 걸상들이 쌓여 있다. 이곳에서 꿈을 키우고 있었다. 40여 년이 지나면 어떤 모습이 될 것인가 상상도 하지 못한 채 뭉게구름을 닮은 그런 꿈만 꾸고 있었다.

건물을 돌아 운동장 쪽으로 나선다. 도로 쪽에 정문이 있다. 옛날 조그만 후문이 있던 자리다. 길 위에 플래카드가 걸려있다. 일류 고등학교에 입학한 학생들의 명단과 축하한다는 문구가 적혀있다. 저 이름들을 보고 주먹을 움켜쥘 것이다. '내 이름도 한 번 저 높은 곳에 걸려보자. 아무 노력도 하지 않았는데 내 이름이 걸렸네 하고 뽐내보자. 세상에 안 되는 일이 있는가?' 그렇지만 학생들은 곧 알 것이다. 죽을 각오로 노력해도 저렇게 이름 걸리기가 쉽지 않다는 것을.

40여 년 전, 내 이름도 저렇게 걸렸었을까? 그때에도 많은 학생들이, 내가 들어간 고등학교에만 들어가면 앞날이 훤할 것같이 생각했고, 가르친 선생님들도 한동안 자부심으로 뿌듯해했었는데. 그렇지, 미래는 보이지 않아서 힘을 주지. 보인다면 사람들은 절대로 용을 쓰지 않을 것이다. 자식들을 키워 본 사람들은 알 것이다. 클 때는 특별한 것 같았는데 다 큰 모습을 보면 자기와 별로 다른 모습이 아니라는 것을 깨닫고 삶이란 그저 그런 것이구나 하고 체념한다는 것을.

3월 초 추운 날씨인데도 운동장 한쪽에서는 야구 선수들이 연습을 하고 있다. 저곳에서 축구를 하고, 달리기를 하고, 조회를 했었는데……. 그렇게 넓게만 보이던 운동장이 손바닥만 하고, 하늘 끝에 닿을 만큼 크고 우람했던 플라타너스 나무들은 왜 저렇게 작게 보이는가. 어릴 적 작은 동공瞳孔이 커져서 그렇다는 설명을 들은 적이 있지만 머릿속에 저장되어 있는 상像과 지금의 모습이 너무나 상이相異해서 혼란스럽다.

교실 건물을 돌아 뒤편 정구장이 있던 곳으로 간다. 정구장은 없다. 그 자리에 실내체육관 건물이 있다. 정구 선수들이 연습하는 모습을 구경하던, 등나무가 그늘을 만들어 주던 쉼터도 흔적이 없다. 통학하는 기차 시간이 남아 있으면 그곳에 앉아서 연습하는 모습을 한없이 바라보고 있었다. 어느 날이었다. 물끄러미 그 모습을 바라보고 있었는데 영어 선생님이 내 옆에 가만히 앉았다. 여선생님은 천사처럼 아름답게 보였고 내 가슴은 미친 듯이 뛰었었다.

추억이 깃든 하숙집과 중학교는 나를 거짓말쟁이로 만든다. 한밤중 찹쌀떡 파는 소리가 출출한 배를 움켜쥐게 만들었고, 주인집 형이 부르던 팝송은 사춘기 가슴을 미치도록 아리게 했고, 운동장은 끝이 보이지 않을 만큼 넓었고, 가에 서 있는 플라타너스 나무는 너무 높아 가지 끝이 하늘 속에 깊이 박힌 듯했고, 등나무꽃이 한창일 때 그 밑 쉼터에 앉아 정구 연습하는 모습을 보는 것은 무릉도원이 부럽지 않을 만큼 평화스러웠고, 그리고 한 번은 천사가 내 곁에 앉아 같이 구경했었다는 말은 이제 모두가 거짓말이 된 것이다.

하늘을 천천히 바라보면서 살고 싶다

밤에 기침을 하느라고 잠을 설쳤다. 늦은 아침, 따뜻한 방 안에서 누워있고 싶지만 아내는 운동을 하자며 아파트 옆 산으로 이끈다. 아파트를 나서는데 아내가 지팡이를 건네준다. 노인 같다고 뿌리치지만 억지로 손에 쥐어준다. 등산복 차림의 아내를 바라보니 틀림없는 할머니 모습이다. 무척 안되었다는 생각을 한다.

두리봉산 밑에 등산로를 그린 안내판이 있다. 왼쪽으로는 한두 번 가본 적이 있지만 오른쪽으로는 가본 적이 없다. 오른쪽으로 길을 잡는다. 얼었다 녹은 길이 질퍽거린다. 오르막길은 미끄럽기도 하다. 흙을 밟는 기분이 좋다. 맨흙을 밟은 것이 얼마만인가.

흙 밑에는 여러 가지 생물체들이 존재할 것이다. 벌레들이 겨울

잠을 자고, 나무뿌리들이 내일을 준비하고 있을 것이다. 오순도순 이야기도 하고 어떤 때는 아옹다옹 싸움도 할 것이다. 속삭임과 두런거림이 귀로는 들리지 않지만 그들만의 언어로 서로 걱정하고, 슬퍼하고, 기뻐하면서 살아갈 것이다.

오솔길로 접어든다. 벌거벗은 나무들이 줄지어 서 있다. 길의 여기저기에 나무뿌리들이 거친 손마디처럼 울퉁불퉁한 솟아 있다. 대지 속에 입을 처박고 오징어 다리 같은 뿌리를 사방으로 펼쳐서 대지의 젖을 빨아먹고 있는 형상이다. 겨울인 지금, 나무 가족들은 새로운 꿈들을 꾸고 있을 것이다. 봄에는 어떤 화려한 꽃들을 피울 것인지, 여름에는 얼마나 울창한 잎들을 만들 것이지, 가을에는 얼마나 튼실한 열매를 맺고 얼마나 화려한 단풍들을 만들어 단장을 할 것인지, 밤잠을 설치면서 꿈을 꾸고 있을 것이다.

바람이 분다. 나뭇가지들이 흔들린다. 서로 부딪친다. 아옹다옹 싸우는 어린 형제들 같다. 바람이 자자 나뭇가지들도 언제 싸웠느냐는 듯이 조용하게 서 있다. 바람만 불지 않으면 나뭇가지들은 부끄럼타는 계집애같이 얌전하다. 바람이 조용하게 불면 아직 가지 끝에 매달려 있는 가랑잎을 살랑살랑 흔들면서 애교까지 떤다. 바람이 전해 주는 북쪽 먼 곳의 소식을 전해주기도 하고 부족한 겨울의 햇빛을 담아 땅속 뿌리에 보내주기도 한다.

땅이 깊숙이 파인 곳에 낙엽이 두껍게 쌓여 있다. 한 생을 다한 나뭇잎이지만 환생을 꿈꾸고 있는 듯하다. 한 생을 책임졌던 나무

뿌리에 몸을 부식시켜 내어주고 있다. 어찌 자기 몸을 불살라 희생하는 정신을 인간사회에서만 볼 수 있다고 하겠는가. 말없이 서 있는 나무와 떨어져 구르는 나뭇잎에서도 볼 수가 있지 않은가. 내 몸도 얼마 후에는 어쩌면 낙엽처럼 떨어져 내릴 것이다. 온 생명을 가진 것들의 어머니인 대지에 몸을 맡길 것이다. 땅에 묻힌 낙엽처럼 환생의 꿈을 꾸면서.

아내는 열심히 앞에서 걷고 있다. 길만 하나 건너면 오를 수 있는 산인데 언제 이렇게 아내와 호젓하게 산을 올랐던 일이 있었던가. 뻐꾸기 소리가 처량하게 들리던 6월 어느 일요일, 아내와 함께 산을 오른 기억이 있다. 그날, 뻐꾸기 소리를 듣자 가슴이 아프도록 고향이 그리워졌다. 이제는 고인이 되신 선친과 고향에 홀로 계신 어머니가 눈물이 나도록 보고 싶어졌다.

나이가 들어 힘이 빠졌으니 자식 집에 와서 편히 살겠다고 오셨던 부모님들이었다. 어머니는 노인정에 가서 친구들도 만들고 이럭저럭 생활에 적응을 하셨지만 자존심이 강했던 아버지는 결코 적응하지 못하셨다. 오전에는 혼자 집 안에 계시더니 오후에는 이 산에 오르곤 하셨다. "꼭 고향 산 같더라. 산을 오르니 꼭 고향에 온 것 같았어." 그렇게 자주 말씀하시던 아버지는 뻐꾸기가 흐드러지게 울던 6월 어느 날, 그 소리 따라 짐을 싸고 고향으로 돌아가셨다.

숨차게 언덕을 다 올랐다. 철조망과 군인 막사가 보인다. 건강하게 뛰고 달리던 젊은 시절이 있었다는 사실이 새삼 머릿속에 떠오른다. 군의관시절, 철조망이 그렇게 원망스러울 수가 없었다. 꿈들은 비 온 뒷날 산꼭대기로 피어오르던 구름같이 한없이 피어오르곤 했었다. 군대라는 조직에 몸은 꼼짝없이 매어 있어도 꿈들은 머릿속에서 한없이 높은 창공을 떠돌고 있었다. 그때에 한번이라도 상상했던 적이 있었던가? 내가 늙고 병들어 그렇게 지겹던 군대 시절을 그리워할 때가 올 것이라고.

군부대를 지나니 또 오르막길이다. 아내도 나도 끙끙거리며 오른다. 아프지만 않았다면 아내와 비교가 되지 않게 빠르게 올랐을 것이다. 지금은 아내를 따라잡기가 힘들다.

내 마음대로의 속도로 달려왔던 삶을 생각해 본다. 병원 일이 바쁘다는 핑계로 수없이 많은 밤을 아내 혼자 보내도록 했던 젊었던 시절, 어쩌다 집에 오면 피곤하다는 핑계로 쓰러져 자기 바빴던 생활, 휴일이나 일요일에도 환자 본다고, 학회 준비한다고 병원에서 보냈던 많은 시간들, 영화 구경 가자고, 놀러 가자고 계획은 풍성하게 만들어 놓고, 환자들을 한번만 둘러보고 오겠다고 병원에 가서는 결국 환자들 때문에 약속을 지키지 못했던 많은 기억들.

언덕을 다 오르니 나뭇가지 사이로 하늘이 보인다. 구름이 빠르게 지나가고 나뭇가지가 바람에 흔들린다. 그렇구나. 구름과 바람도 바쁜 삶을 사는구나. 그렇지만 바쁘게 살아도 결국은 한 생의 삶이 될 뿐이라는 것, 늙고 병들면 그러한 삶이 하나도 자랑스럽지 않게 될지도 모른다는 것, 가족과 함께 있는 듯 없는 듯 사는 것도 충분한 가치 있는 한 삶이라는 것을 깨닫는다.

하늘을 천천히 바라보면서 살고 싶다. 낮에는 눈이 시리도록 맑고 푸른 하늘과 온갖 재주를 부리는 구름을 바라보고, 밤에는 부끄럼타는 손녀가 살며시 얼굴을 내미는 모습과 닮은 달과 그녀의 눈빛을 닮은 별들이 많이 보이는 그런 곳에서 살고 싶다. 마음을 하나하나 비우면서.

행복

오늘도 잠자리가 고통스럽다. 머리 쪽 침대를 약간 높이고 윗몸을 올린 상태로 잠을 청한다. 바른쪽으로 누우면 수술 상처가 아파서 똑바로 혹은 왼쪽으로 눕는다. 몸을 이리저리 마음대로 움직이며 눕고 자는 것이 얼마나 행복한 일인지를 알겠다. 아내도 며칠째 잠을 설치고 있다. 끙끙거리는 내 신음 소리와 불편한 간이침대에서의 잠자리 때문일 것이다. 그래도 아내가 말한다. "나도 괴롭지만 당신보다야 더 괴롭겠느냐?"라고.

흉부외과 전공의가 병실로 들어와 통 안에 고인 피의 양을 측정한다. 한 번씩 고무 호스를 당겨 피가 잘 나오도록 한다. 저 피는, 내 자신의 아픔을 스스로 풀지 못하고 응어리졌던 암 덩어리를 떼어내면서 흘리는 참회의 눈물일 수도 있다. 나무의 옹이도 자기 살로 만드는 것이고, 흙탕물에 가라앉은 찌꺼기도 자신의 혼탁함이 모여서 만드는 것이 아닌가. 누구를 탓하겠는가. 내 스스로 만든 것인 것을.

상처 부위에서 흘러나오는 피의 양이 어느 정도 줄어들자 주치의 교수가 고무호스를 뽑자고 한다. 숨을 참으라고 하면서 상처 부위를 누르고는 줄을 당긴다. 무척 아프다. 그래도 참는다. 줄을 뽑은 자리를 봉합할 때는 얼굴까지 찡그린다. 그렇지만 몸은 회복하는 쪽으로 가고 있는 것이다.

침대에서 내려와 조심조심 걸어본다. 걷는다는 것, 외손녀가 처음 발을 떼는 것을 보는 것만큼 감격스럽다. 신화는 말한다. 땅과 바다와 하늘이 창조되기 전 카오스(혼돈)의 시대가 있었다고. 신과 대자연이 손을 붙잡고 땅과 바다를 분리하고, 이를 또 하늘과 갈라놓음으로써 혼란을 잠재우고, 가장 가벼운 것이 하늘, 조금 무거운 것이 공기, 더 무거운 것이 땅, 가장 무거운 것이 물이 되어 바다를 이루었다고. 신이 인간을 만들 때 직립의 능력을 주었기에 하늘을 보고, 별을 볼 수가 있게 되었다고. 그러하니 걷는다는 것이 얼마나 영광된 일인가. 태어난 후 자연스런 소유로 생각했던 것이.

걷게 되자 누워 있었던 동안의 내 삶이 궁금해진다. 많은 것들이 이메일로 와 있을 것 같다. 병실에서는 이메일의 내용을 볼 수가 없다. 아픈 몸을 이끌고 수술실 교수 휴게실로 간다. 외국연자 강연에 좌장을 맡아달라고 요청하는 메일이 학회에서 와 있다. 개인적인 사정으로 좌장을 보기 힘들다는 답장을 보낸다. 아프다는 이야기를 하기가 싫다. 씁쓸하다. 무엇을 상실한다는 것, 그것은 가슴 아픈 일이다.

수술실은 일요일이어서 조용하다. 그야말로 정적靜寂이다. 소리가 있을 때는 두려움을 적게 느낀다. 누가 있다는 것, 무엇이 존재한다는 것은 생명체의 동료 의식을 일깨운다. 그렇지만 정적은, 소리와 형체가 없음은, 불안감을 키운다. 극도로 긴장된 순간 우리들은 말을 잃고 조용함에 휩싸인다. 인간이 숨을 거둘 때에도 정적이 찾아온다. 아무리 잠깐 동안이라도 죽음 뒤에는 조용함과 괴괴함이 뒤따르는 법이다.

수술실 밖에 있는 보호자 대기실에서 아내가 기다리고 있다. 병실에 있으라고 해도 막무가내로 따라와 있다. 아내는 이 정적 속에서 어떤 생각들을 하고 있을까? 내가 없어졌을 때 다가오는 운명에 대한 면역력을 키우고 있는 것은 아닌가? 지난 번 내가 수술 받는 동안, 그 다섯 시간이 넘는 동안, 아내는 무엇을 생각하고 두려워했었을까? 운명은 예측할 수 없다고, 삶에는 언제나 예상 못하는 굴곡이 생길 수 있다고, 대기실에 걸려있는 수술환자들의 명단을 보면서 얼마나 절실하게 나의 안전에 대하여 기도를 했었을까? 평소 성당에서 하던 기도와는 다른, 더 간절한 기도였을 것이다. 그것을 어떻게 아느냐고? 그것은 대기실에서 수술을 받고 있는 환자들을 기다리고 있는 보호자들의 표정을 한 번만 보면 알 수가 있는 것이다.

휴게실에서 나와 아내를 찾는다. 아내가 놀라서 보호자 대기실에서 뛰어 나온다. 내가 아픈 후로는 아내가 자주 깜짝깜짝 놀란다. 근원 모를 두려움에 시달리고 있는 모습이다. 나도 한 번씩 놀란 적이 있었다. 어릴 적 어느 가을날이었다. 따사로운 햇볕을 쬐려고 고향집 뒤꼍으로 갔었다. 양지바른 곳에서 아주 큰 검은 구렁이가 담 벽을 등지고 똬리를 틀고 있었다. 구렁이에 대하여 어머니에게 말씀드렸다. 미신에 매우 의존하시던 어머니는 그것은 영물이니 해를 끼치지 말고 집 밖으로 버리라고 말씀하셨다. 나무 작대기에 구렁이를 매달고 마을 앞 시냇가에 가서 버렸다. 그 후에 원인모를 열병을 앓게 되었고, 어머니는 내 병이 집을 지키는 수호신을 버린 노여움 때문이라고 굳게 믿어 굿을 했고, 열병에서 회복한 나는 한참 동안 옆에서 작은 소리만 나도 깜짝깜짝 놀랐었다. 근원 모를 두려움을 느끼면서.

아내가 다가와 링거 병이 달려있는 받침대를 잡는다. 병실로 돌아오는 동안 낯이 익은 직원을 만난다. 수술을 받았는지 배액 주머니를 옆구리에 차고 있다. 나를 알아보고 쑥스럽게 인사를 한다. 모자를 깊게 써서 얼굴을 가리려고 했음에도 불구하고 알아본 것이다. 나도 계면쩍게 인사를 한다. 어쩌면 서로 만나지 않아야 좋을 경우처럼 보인다. 내 안된 모습을 남에게 보이는 것이 싫다. 직원이

나 내 환자들한테는 특히나 더 그렇다.

병실로 돌아와 가만히 행복이란 무엇인가를 생각해 본다. 어쩌면 그것은 평범한 강가의 모래나 자갈 속에 숨어있는 사금砂金같다는 생각을 한다. 그저 지나치면 평범한 모래나 자갈인데 가만히 들여다보면 값비싼 사금이 숨어있는 것을 발견하듯이, 하루하루 평범하게 보내는 삶 속에도 숙고해 보면 사금보다 더 값비싼 행복들이 숨어있다는 것을 깨닫는다. 마음대로 이리저리 누워 자는 것, 두 발로 걷는 것, 이메일을 확인하는 것, 두려움에 떨지 않는 삶을 사는 것, 신에게 기도를 드리며 나를 진정으로 걱정해 주는 사람을 갖는 것, 품위를 지키면서 사는 것……, 아프고 난 지금에서야 그렇게 많은 행복들이 내 평범한 삶 속에 숨어있었다는 것을 깨닫는다.

허리가 굽어 슬프다

수술 후유증에서 얼마간 회복했다. 수술받은 몸이어서 지난 설에는 고향을 방문하지 못했다. 바쁘다는 핑계를 대었지만 어머니는 본능적으로 무엇인가 이상하다고 느끼시는 것 같았다. 겉으로는 건강한 모습이 되었으므로 이제는 고향을 방문해서 어머니의 걱정을 덜어드려야 할 것만 같다.

아직 한 번씩 참을 수 없는 기침이 나온다. 자식에게 온 정신을 쏟고 있는 어머니에게 그것은 내가 아팠었다는 것을 알려주는 실마리가 될 수도 있다. 수술받았다는 사실을 어머니가 아시면 많이 놀라실 것이다. 어머니의 머릿속에서 수술은 생명의 위협을 의미한다. 더구나 암으로 수술받았다는 사실을 아시면? 긴장되고 걱정된다.

차가 집에 도착하자마자 어머니가 귀신같이 그 소리를 듣고 방에서 나오신다. 저렇게 귀가 밝다니. 평소에 전화를 드릴 때면 절반은 어머니와 내가 하는 말이 제각각인데. "뭐여? 안 들려. 귀가 절벽이여." 어머니는 하고 싶은 말만 하고는 한숨 섞인 이 말로 전화를 끝내시곤 하는데.

어머니는 신도 제대로 신지 못하고 지팡이도 없이 허공에 두 손을 휘저으며 넘어질 듯 급하게 다가오신다. 허리가 굽어 얼굴이 땅에 닿을 듯한데 목을 꺾고 내 얼굴을 올려다 보신다. 자식인 내가 어머니의 얼굴을 내려다보는 것은 슬프다.

어머니의 굽은 등을 보면 죄송스럽고 부끄러운 기억이 떠오른다. 대학입시 준비로 정신이 없던 고등학교 3학년 때였다. 하숙, 자취를 거듭하다가 친구의 배려로 그의 집에서 학교에 다니고 있었다. 어느 날인가 어머니가 막내 동생을 등에 업은 채 쌀 두 말을 머리에 이고 연락도 없이 갑자기 찾아오셨다. 얼떨떨하기도 하고, 땀을 비 오듯이 쏟고 있는 어머니의 꼬지지한 모습이 창피하기도 했다.

"공부하느라 힘든 너에게 햅쌀로 된 밥을 먹이려고, 그래서 왔다."

딱히 다른 말씀은 없었다. 하룻밤을 어머니와 같이 잤다. 다음날 아침 나는 놀랐다. 동생이 친구 어머니가 내준 새 이불과 요에 오줌을 흠뻑 싸놓았던 것이다.

"어떻게 한대요. 애가 오줌을 싸 놓았으니……."

어머니는 동생을 등에 업고 그 말만을 친구 어머니에게 남겨놓고

서 버스 정거장으로 걸어가셨다. 그 뒷모습을 바라보면서 나는 '창피하게 괜히 오셔가지고 새 이불에 오줌까지 싸놓고는…….' 속으로 중얼거리면서 잘 가시라는 인사말도 없이 홱 돌아서버렸었다.

지금도 그때의 일이 떠오르면 죄책감에 시달린다. 힘들게 공부하고 있는 자식에게 특별한 것을 해줄 수 없는 어미가, 햅쌀로 지은 밥 한 끼 먹이려고 등에는 무거운 애를 업고, 머리에는 무거운 쌀을 이고서 몇 백 리 먼 길을 완행버스의 털털거림을 참아내면서 오셨던 것이다. 어찌 그 삶의 하중이, 등에 업고 온 자식의 무게와 머리에 이고 온 쌀의 중량이, 지금의 굽은 어머니의 등과 무관하다고 말할 수 있겠는가?

다가온 어머니는 내 얼굴을 이리저리 쓰다듬으신다. 눈으로 보는 것보다 손으로 만지는 감촉이 더 확실한 모양이다. 눈가가 짓물러 있다. "이제는 너희들이 한없이 보고 싶어." 조금은 안심이 된 듯 한참 후 말씀하신다. 나는 울컥한다.

방으로 들어가려고 마루에 오르니 무엇이 머리에 와닿는다. 고개를 들어 올려다보니 명태 네 마리가 코를 꿰어 붉은 흙 천장의 서까래 못에 걸려있다. 황태인지 코다리인지는 구별할 수 없으나 이십대의 처녀같이 살이 단단하게 보이고 몸매가 날씬하다. 네 마리 모두 입을 크게 벌리고 눈이 크다. 왜 저렇게 크게 입을 벌리고 있는가. 나처럼 숨이 가빠서일까?

"어머니, 웬 명태인가요?"

“샀어, 너 끓여 줄려고. 어려서 동태국을 무척 좋아했잖여. 그런데 어제 시장 바닥을 샅샅이 뒤져도 동태는 없더라. 그래서 저것들을 샀다.”

아! 허리가 굽어 키가 작아진 어머니가 어제 명태가 땅에 끌리지 않도록 끈을 들어올리며 흔들리는 버스를 타고 와서, 그것들을 힘들게 들고 오 리 길을 걸어 오셨겠구나.

“어떻게 저 높은 곳에 명태를 매달았어요? 누가 도와 주셨어요?”

“돕기는 누가 도와 줘. 내가 의자 놓고 벽을 짚으며 명태 꽁지를 잡고 들어올려 끈을 못에 걸었다. 명태는 시원한 바람이 통하는 곳에 매달아 놓아야 맛이 좋거든. 저것들을 내려라. 네가 왔으니 요리해서 먹어야겠다.”

내가 손을 뻗어 올리니 명태를 매단 줄이 손에 닿는다. 줄을 약간 들어올려 끈을 못에서 벗겨낸다. 나야 이렇게 수월하게 명태를 내릴 수 있으나 허리 굽은 어머니가 명태 끈을 못에 걸기는 쉽지 않았을 것이다. 어머니는 놀랍게도 항상 상식적으로는 불가능한 것 같이 보이는 일들을 잘도 해내신다. 텃밭 둑의 풀도 거뜬히 깎아내고 묵정밭도 혼자 일구어 채소들을 심으신다.

밤에 기침을 많이 했다. 참아도 기침이 났다. 아침이 되자 어머니가 ‘왜 그렇게 기침을 심하게 했느냐?’고 물으실까 싶어 마당으로 일찍 나선다. 울타리 넘어 동산의 나목들이 보인다. 한 나무에 까치집이 높이 매달려 있다. 어머니는 매일 아침 그것을 올려다보며 까치가 울기를 기다렸을 것이다. 까치의 울음은 반가운 소식만 전하기 때문에 자식들의 소식을 전해줄 것이라는 믿음을 가지고서.

"얘야, 아침 밥 먹어라. 몸도 부실한 것 같은 애가 아침 일찍 찬바람 쐬고 어디 간 거냐? 밤에 기침도 많이 하던데."

"예, 여기 있어요. 지금 가요."

나는 건강하다는 것을 확인시켜 주려는 듯 귀가 어두운 어머니의 귀청이 떨어질 만큼 크게 소리를 지르며 밥상이 차려진 거실로 간다.

희망, 다시 갖자

퇴원하는 날이다. 외래 진찰을 하던 우리 과科 외래로 간다. 간호사를 만나니 눈물이 왈칵 솟는다. 아프면 마음이 약해지는 모양이다. 옛날 건강할 때의 권태롭고 큰 변화가 없던 일상생활이 미치도록 그립다. 외래를 볼 계획을 묻는다. 반대 측 암을 수술하고 항암치료 계획이 정해져야 짤 수 있다고 대답한다. 최대한 외래환자들을 조절할 테니 치료나 잘 받으라고 위로해 준다. 모성애를 느낀다. 여성은 안된 모습을 보면 본능적으로 모성애를 품어내는 것 같다. 간호사는 역시 남성보다는 여성이 적합하다는 생각을 한다.

병실로 돌아와 퇴원 약을 받는다. 반대 측을 수술하기 위한 재입원 날짜도 통보받는다. 병실 문을 나선다. 갑자기 눈물이 눈가에 돈다. 재수술을 받아야 하는 처지가 처량하기도 하다. 한 번 갔던 길을 다시 가는 것이 수월할 수도 있으나 처음의 괴로웠던 경험 때문에 더욱 두려울 수도 있다. 앞으로의 예후가 불확실하기 때문에 얼마 남지 않은 정년퇴임을 할 수 있을지도 불확실하다. 울컥 마음이 상한다.

여러 개의 퇴원 짐을 들고 아내와 함께 택시 정거장으로 간다. 1월 말의 날씨는 아직 차다. 택시기사가 밖으로 나와 친절하게 짐 싣는 것을 도와준다. 조그만 친절이 가슴에 와 닿는다. 병을 만난 다음에야 삶을 새롭게 깨닫는다는 말을 떠올린다. 의사 이외의 남이 내 병을 어떻게 할 수는 없을 것이다. 그렇지만 누군가 내 아픔을 알고, 그것을 이해해주며, 도와주는 사람이 있다는 것, 그것은 어쩌면 절망에 빠진 한 인간에게 큰 희망을 줄 수도 있을 것 같은 생각이 든다.

집안으로 들어서니 아늑함이 감싼다. 방 안으로 들어와 침대에 눕는다. 오래된 라디오, 책상, 책꽂이 등의 사소한 물건들이 눈에 들어온다. 바쁘게 사느라고 잊어버렸던 어릴 적 친구들 같다. 그러한 사소한 것들이 일상의 삶 안에서 나에게 가장 큰 즐거움을 주어왔다는 것을 깨닫는다. 책을 읽으면서 마시던 따뜻한 커피 한 잔의 맛, 음악을 들으면서 쓰던 한 문장의 글, 의자의 등받이에 몸을 기대고 창밖을 보면서 한참 동안 무아지경에 빠지던 여유로움……. 비로소 퇴원한 것이 느껴진다. 안도감이 몸을 감싼다.

15층 아파트 창문 밖으로 보이는 하늘은 맑고 깨끗하다. 하늘의 푸름이 돋보인다. 겨울의 찬바람이 자주 쓸고, 흘러가는 구름이 오가며 닦아서인지도 모르겠다. 흰색의 월드컵 경기장이 하늘의 푸름 때문인지 더욱 희게 보인다. 그 풍경은 무척 쓸쓸하다. 추위에 몸을 움츠리고 있는 듯한 느낌까지도 준다. 봄, 여름, 가을에는 그렇게까지 쓸쓸하게, 움츠린 듯한 모습으로 보이지는 않았다. 그곳에서 많은 사람들이 걷고 뛰고 있다는 것이 상상되었기 때문이다. 그렇지만 추운 겨울인 지금은 다르다. 아무리 상상하려고 해도 그런 모습이 그려지지 않는다.

내 삶도 계절로 따지면 겨울에 접어든 것 같다. 봄, 여름, 가을이었던 오십대까지의 시절에는 주위에 사람들도 많았다. 북적거리는 사람들 속에서 외로움과 쓸쓸함이 무엇인지도 모른 채 지냈다. 그렇지만 지금은 다르다. 외롭고 쓸쓸하다. 수술받은 몸과 마음은 움츠러들어 있기까지 하다.

밤이 찾아왔다. 전등을 켜지 않은 채 창밖을 본다. 사물의 형태가 조금씩 불분명하게 뭉개진다. 현실이 어둠 속으로 사라지고 상상의 세계가 펼쳐진다. 앞으로의 삶은 과거와는 다를 것 같다. 미래의 삶이 모습을 이리저리 바꾸면서 어둠 속에서 유영한다. 낯섦, 두려움, 슬픔 등의 단어들이 자꾸 눈앞에 떠다닌다.

잠을 청한다. 위안해 줄 묘약이라 절실하게 원한다. 어릴 적 밀짚 방석 위에 누워 별을 세다가 잠이 들었던 기억을 떠올린다. 창밖 하늘 속에서 별을 찾는다. 전등을 켜지 않은 어둠의 덕택인지 희미하게 별이 하나 보인다. 자세하게 살피니 또 하나가 있다. 그리고 또…….

심한 기침을 하며 잠을 깬다. 새벽이다. 기침을 할 때마다 수술상처 부위가 아프다. 아내가 잠을 깨고 근심스런 얼굴로 다가온다. 물과 기침약을 가져온다. 약을 먹었는데도 기침은 계속된다. 일어나 책상 앞 의자에 앉는다. 창밖에는 아직 어둠이 깔려있다. 한참 멍하고 바라보고 있노라니 어둠의 물살이 썰물처럼 사라진다. 물이 언제 해변 쪽에서 저 멀리 바닷속으로 사라졌는지 모르듯이 순식간에 어둠이 걷히고 날이 밝아온다.

산 넘어 동쪽 끝 하늘이 주황색으로 물들어 간다. 시야의 끝인 하늘과 땅이 만나는 선은 바다의 수평선과 무척 닮아 보인다. 어둠에 싸인 편편한 지상이 바다처럼 보이고 불쑥불쑥 솟은 산들이 바다에 여기저기 흩어져있는 섬들 같다. 스카이라인 위로 붉은 빛이 후광처럼 비쳐 오른다. 무엇인가 탄생의 조짐처럼 보인다. 붉은 해가 산 위로 솟아오른다. 해가 뜨고 있는 것이다. 닭이 계란을 낳듯 지평선 위로 해가 빠져 나오는 것이다.

어둠이 덮인 저 지상에는 많은 어려움과 절망들이 쌓여 있을 것이다. 그것들을 뚫고 지금 해가 솟아오르고 있다. 그렇다. 희망도 저 해처럼 어려움과 절망 속에서 솟아오를 수가 있을 것이다. 그래, 희망을 갖자. 창문 밖으로 보이는 저 앙상한 나무들도 봄이 되면 딱딱한 껍질을 뚫고 새싹들을 밀어 올릴 것이라는 희망을 갖고 살아가지 않는가. 절망만 존재하고 있을 것 같은 저 어둠 속에서 매일 해가 솟아오르는 희망이 존재하듯이, 아픈 이 몸도 완쾌할 수 있다는 희망이 존재하고 있다는 사실을 잊지 말자.

희망, 빛이 보인다

오늘 다시 입원해야 한다. 내일 왼쪽 폐를 수술받기 위해서다. 우울하다. 창밖, 숲의 앙상한 나무들은 조금도 위안이 되지 않고 쓸쓸함만을 더해준다. 먹먹한 슬픔이 명치끝으로 차오른다. 위안과 격려의 말을 듣고 싶으나 집안에는 아무도 없다. 아내는 입원에 필요한 물품을 준비하러 외출중이다. 그녀도 우울할 것이다. 남편이 또 수술대에 오른다고 하면 어느 누군들 우울하지 않겠는가.

기분을 전환하려고 집 가까운 산을 오른다. 앙상한 가지 사이로 내리는 늦은 2월 햇볕은 아직 따사롭기보다는 싸늘하다. 차다는 느낌이 산뜻함을 가져온다. 투명한 공기에 조금 위안을 받는다. 산길 주위를 둘러보니 키가 큰 참나무, 소나무, 아까시나무 사이사이로 높이가 낮은 복숭아나무, 싸리나무, 찔레나무, 진달래나무가 보인다. 각각의 자리를 차지하여 조화를 이루며 어우러져 살아가고 있는 모습이다.

조금 더 시간이 지나면 저들의 앙상한 가지에서도 새싹이 움트고 꽃이 필 것이다. 지금은 땅속 깜깜한 어둠 속에서 꽃과 잎의 태아가 방황하고 있겠지만 누군가에게 생명의 끈질김을 보여주기 위하여, 누군가의 얼굴에 반가운 표정을 만들어 주기 위하여 피부를 찢는 아픔을 견디고 잎을 피워낼 것이며, 객혈 같은 가슴속 붉은 피를 쏟아내어 꽃을 피울 것이다. 잎을 열고 열매를 맺어 보시布施하는 것이, 꽃을 피워 당신을 기쁘게 하는 것이, 얼마나 처절하고 힘든지를 그들은 알지만 그래도 태연한 듯 그것들을 감추면서 보여 줄 것이다.

어쩌면 내 가슴속에서 자라고 있는 암 덩어리도 누군가에게 꽃이 되는 객혈인지도 모른다. 가슴 찢는 고통을 겪으면서 삶이란 본질을 한 번 더 생각하고 남에게 미소를 한 번 더 주는 보시의 삶을 살라고 가르쳐주는 계시물인지도 모른다. 암이란 것도 내가 좋아서 붙어있는 것이 아니겠는가. 내 몸이 얻을 것 하나 없는 뻔뻔한 철판 같은 존재였다면 아무리 먹성 좋고 생활력이 강한 암이라도 내 몸에 붙어살려고 하였겠는가.

얼마간 기분이 좋아진다. 살고 싶은 욕망이 솟아오른다. 오늘 입원해야 한다는 사실이 오래 잊었다가 생각난 듯 문득 떠오른다. 그렇게 다시 가고 싶지 않았던 병원이었지만 가야 한다는 생각이 든다. 천천히 집 쪽으로 방향을 튼다. 날도 이미 저물어 가고 있다. 저녁을 먹고 입원하면 간호사들이 어떤 말을 할까? 늦게 입원하는 내 심정을 주치 교수는 이해해 줄까?

저녁 먹고 오후 늦게 입원을 한다. 내가 입원하기를 오랫동안 기다리던 주치 교수는 방금 전에 퇴근했다고 간호사가 전해준다. 입원하니 또다시 기분이 우울해진다. 여러 번 수술을 받는다고 수술에 대한 두려움이 감소하는 것은 아닌 모양이다. 수술할 때마다 두려움이 겹을 더해 차라리 몸을 더욱 옥죈다. 죽음이란 단어가 현실 속으로 다가와 실감나기도 한다. 언젠가 죽을 것이라는 어렴풋한 생각은 있었지만 수술이란 단어가 죽음을 현실로 형상화시킨다. 반대 측 폐로 전이된 암을 수술받는다는 사실은 이미 병이 번질 대로 번졌다는 사실을 암시하기 때문에 죽음이란 단어와 별개로 생각되지 않는다. 죽음이란 어떤 색깔일까? 검은색일까, 흰색일까?

피검사, 심전도 검사를 하고 아래층으로 내려가 흉부 엑스레이 사진을 찍는다. 병실로 돌아오니 주치교수로부터 전화가 왔다. 저녁 늦게까지 기다리고 있다가 퇴근했다고, 미안하다고, 걱정하지 말라고, 그리고 내일 첫 스케줄로 수술한다고 치료 계획을 전해준다. 처음 수술할 때 두 번째 수술 스케줄이어서 내가 화를 냈던 것을 의식한 듯하다. 건강하게 살 때에는 어느 정도의 서러움은 웃으면서 넘기지만 병에 걸려 좌절된 삶을 사는 동안에는 조그만 섭섭함도 참지 못하고 서러워진다. 흉잡히지 않을 정도의 어떤 위엄이 슬픔에도 있어야 하는데 그렇게 품위를 지키기가 쉽지 않다. 마치 덫에 잘못 걸려들어 어찌할 바를 모를 때의 기분과도 흡사하다. 고독한 서러움이 생기고 공포감을 감춘 서러움을 숨기고자 마음이 날카로워져서 아무것도 아닌 조그만 일에도 발끈 성을 내기도 한다.

수술용 침대에 눕혀 수술실로 실려 간다. 수술방에 들어가니 침울하고 무거운 공기가 방을 꽉 채운 듯 조용하다. 마취과 의사가 한마디 말도 없이 다가온다. 인사도 없다. 남의 불행 앞에 입을 떼기가 겁이 나는 모양이다. 수술 간호사가 수술 기구를 준비하는 소리와 마취과 보조원들이 마취를 준비하는 소리만 들린다. 나도 눈을 뜨지 않는다. 인사도, 아는 척도 하지 않는다. 두 번씩 수술을 받아야 하는 운명에 성이나 독기를 품고 웅크리고 있는 동물처럼 미동도 하지 않는다. 잠이 온다. 무언가 혈관 속으로 들어오는 기분이 있다. 마취제의 흐름이 혈관 속으로 번진다. 힘주어 감았던 눈의 근육이, 움켜쥐었던 손의 힘이 스르르 풀린다. 어둠이, 어둠이 머릿속을 채운다.

잠을 깬다. 병실이다. 왼쪽 옆구리에는 두툼한 반창고가 둔덕을 이루고 있다. 꼬리처럼 그곳에 튜브가 달려있고 병실 바닥의 통으로 피를 흘려보내고 있다. 수술이 끝난 것이다. 또 한 번의 생生과 사死의 강을 건넌 것이다. 암흑과 명징明澄의 세계를 경험한 것이다. 안도감이 몰려온다. 암을 도려낸 몸은, 고통을 해산한 몸처럼, 난산

끝에 아기를 낳은 임산부처럼, 늘어지고 풀어진다.

오후에 주치의 교수가 회진을 왔다. 흉강경으로 수술해서 지난번보다는 고생을 덜할 것이라고 말해준다. "수술 소견은?" "아마도 오른쪽 병변이 전이된 것으로 봐야 되지 않겠느냐."라고 대답한다. 수고했다고 그에게 웃음을 지어준다. 가식의 웃음처럼 느껴진다. 풀어졌던 근육이 다시 긴장한다.

언젠가 모로코 말라캐쉬에서 아름다운 해변의 도시 에사우이라(Essaouria)로 관광을 가던 도중이었다. 해변이 보이는 언덕에서 모로코인이 낙타에게 무릎을 꿇도록 명령을 했다. 관광객이 등에 타고 사진을 찍도록 하기 위해서다. 낙타는 슬픈 빛을 띤 커다란 눈으로 우리들을 바라보며 다리를 접고 무릎을 꿇었다. 그 눈이 너무나 슬퍼보였다. 낙타는 먼 길을 떠날 때에만 무릎을 꿇는다고 하던데, 사하라 사막을 향하여 첫걸음을 뗄 때의 자존심을 버리고 몇 푼의 돈을 벌기 위하여 무릎을 꿇는 것이 안타까워서 저렇게 슬픈 눈을 하고 있는지도 모르겠다는 생각도 했었다.

내 눈도 슬픈 빛을 띠고 있을 것이다. 암이라는 존재에 묶여 옴짝달싹 못하는 신세가 처량해서일 수도 있고 사하라 사막을 걷듯 웅대한 꿈을 담고 걸어왔던 삶을 이제는 추억으로만 그리워할 신세가 된 점이 서러워서일 수도 있다. 왜 낙타, 그 미련하게만 보이는 동물이 지금 이 시간에 떠오르는가.

퇴원하려고 할 때 병리과 교수의 전화가 왔다. 그렇지 않아도 내가 궁금해서 전화를 하려던 참이었다. 이번 수술한 왼쪽 폐의 병변은 바른쪽 폐에서 전이한 암이 아니고 왼쪽 폐 자체에서 생긴 이차성 원발 종양이라고 한다.

'이차성 원발 종양이라니? 그런 것도 있나?'

"병리 조직상 바른쪽 암은 재발하고 옆 자리로 전이한 것이 확실합니다. 그렇지만 왼쪽 것은 오른쪽 암이 온 것이 아니라 그곳에서 새로 생긴 암으로 생각됩니다. 조직 소견상 왼쪽 것은 처음 수술한 오른쪽 폐암보다는 약간 악성도가 높지만 그래도 전이성 암보다는 양호합니다."

아, 이차성 원발 폐암이란 것도 있구나. 오른쪽 것과는 독립적으로 생긴, 다른 자리에 새로 생기는 암도 있구나.

그래, 희망의 빛이 보인다. 어둠의 끝자락이 툭 터지듯 밝은 빛이 돋아난다.

4
새로 꾸는 꿈

가면假面

폐 CT를 촬영했다. 몸이 불편해서가 아니라 수술 후 추적 관찰하기 위해서다. 조영제 주입 후 전신에 확 번지는 열감은 예상한 느낌이었다. 숨을 들이마시고 참았다가 내쉬라는 몇 번의 울림이 끝난 후 약간의 어지럼증을 느끼면서 CT방을 나섰다. 등에 대고 CT방 기사가 친절하게 말을 했다. 사진은 곧바로 컴퓨터에 올리고 폐 CT를 읽는 방사선과 교수께 연락해서 즉시 판독하시도록 하겠다고.

방사선과 교수로부터 전화가 왔다. 급히 말씀을 드려야 할 것 같아서 전화를 한단다. 지난번 사진과 비교해서 잔존하던 조그만 종양과 임파선이 확실히 커진 소견이 관찰된단다. 순간 눈앞이 캄캄해졌다. 나를 수술한 교수를 찾으니 자기 방에서 CT사진을 같이 보자고 한다. 사진을 검토한 후 말한다. 커진 종양도 문제지만 증대된 임파선이 더 큰 문제라고.

PET CT 찍기를 예약하고 집으로 퇴근하던 중 많은 생각이 떠올랐다. 아내의 모습이, 자식들의 얼굴이, 그리고 구십 가까운 노모의 구부러진 등과 쭈글쭈글한 얼굴이 눈앞을 가렸다. 언제였던가? 내가 초등학교 저학년 때로 기억된다. 잔병치레를 자주 하시던 어머니가 병원에 갔다가 돌아온 날이었다. 살림방 디딤돌 위에 풀썩 주저앉더니 소리 없이 눈물을 흘리시며 우리 꼬맹이들을 주위로 불러모으셨다.

"애들아, 오늘 병원에 가서 진찰을 받으니 원장님이 내 간肝이 부었다고 하더라. 약을 지어 주시던데 먹는다고 해도 얼마 못 살 것 같다. 어린 너희들을 두고 어떻게 눈을 감겠느냐?"

두 눈에서는 하염없이 눈물이 흘러내렸다. 어린 나는, 나뿐만 아니라 우리 형제들은, 간이 부으면 틀림없이 죽는다고 생각했었다. 어머니와 같이 부둥켜안고 하염없이 울었던 기억이 지금도 생생하다. 그 후에 어찌 되었건 어머니는 건강을 되찾으시었고 틀림없이 돌아가실 것으로 믿었던 우리들은 그 사실을 곧 잊어버리고 정신없이 지금까지 살아왔다.

폐암이 재발했다는 통보를 받은 이때 왜 그때의 어머니 모습이 생생하게 떠오르는 것인가? 내가 폐암 수술을 받았다는 사실을 전혀 모르는 모친이, 만약 수술받은 폐암이 재발했다는 소식을 들으면, 어릴 적 어머니로부터 들었던, 간이 부어 곧 돌아가실지도 모른다는 소식을 들었을 때의 우리들의 심정과 무엇이 다르겠는가. 폐암 재발이 무엇을 의미하는지는 정확히 모른다 하더라도 노모는, 간이 부었다는 사실이 무엇을 의미하는지 모르면서도 땅이 꺼질 것 같은 절망을 느꼈던 우리들의 그때의 심정과 다르지 않을 것이다. 주름진 얼굴로 흘러내리는 노모의 눈물은 누가 아무렇지도 않은 듯이 위로하면서 씻어 줄 수가 있을 것인가. 누가 등이 굽어 한 줌의 땅밖에 볼 수 없는 어머니를 앞서서 저세상으로 갈 수도 있는, 용서받을 수 없을 것 같은 내 죄책감을 씻어 줄 수가 있겠는가?

며칠 전 눈이 오는 날 아내가 미끄러져 바른 팔목에 골절상을 입었다. 나에게 번잡함을 주지 않으려고 다른 병원에서 캐스트를 했다고 했다. 무심하게 지내다가 오늘 퇴근해서 보니 아내가 왼손을 사용해서 어둔한 동작으로 저녁 식사 준비를 하고 있는 모습이 새삼스럽게 보인다. 그 모습이 안돼 보여 칼로 무를 썰어주고 가위로 김치를 잘라준다. 아내는 자기가 다친 것이 정말로 좋아 죽겠다는 철없는 표정을 짓는다. 삼십 년 넘게 같이 살았어도 신혼 때 몇 달 이외에는 부엌일을 전혀 도와주지 않던 내가 갑자기 무를 썰어주고 김치를 잘라주고 하니 말이다.

"당신 손 불편한데 내가 밥 풀게. 주걱 이리 줘. 그리고 찌개도 내가 들고 올게."

"당신, 왜 이리 갑자기 친절하지? 그러면 밥은 당신이 퍼. 그렇지만 찌개는 내가 들어낼게. 당신이 들어내다가 혹시 손을 델지도 모르잖아. 수술하는 당신 손은 귀중한데."

그래, 내 손은 귀중할지도 모른다. 그렇지만 얼마 있지 않으면 그 손뿐만 아니고 내 자체가 사라질지도 모른다. 폐암 재발 사실을 알지 못하는 아내는 자기를 생각해주는 듯한 조그만 성의에 기쁘기만 하다. 내 가슴속에서는 피눈물이 흐르는데.

"괜찮아. 장갑 끼고 들어내면 되잖아. 장갑 어디 있지?"

저녁 식사 후에는 아내가 손톱을 깎아 달라고 손톱 깎기를 건네준다. 손톱을 깎아 주자 팔자 없는 호강을 한다며 무척 행복해 한다. 그 모습을 보자 또 가슴이 뭉클하다. 조그만 식사 준비의 도움과 손톱을 깎아 주는 일이 저렇게 아내를 감동시키는구나. 결혼 생활 사십 년 가까운 동안 그 조그만 봉사를 못해 주었었구나. 이제 그렇게 해 주고 싶어도 얼마나 더 해 줄 수가 있을까? 재발한 폐암, 다시 수술을 받아야 하고 항암제도 투여받아야 하는 길고도 괴로운 투병 생활, 그리고 내가 없어졌을 때 저렇게 한 팔을 잃은 듯한 아내의 삶은 어떻게 될 것인가?

밖에는 눈발이 휘날리고 있다. 그 눈발들을 바라보면서 아내는 혹시 이렇게 생각하고 있을지도 모른다. 오른쪽이 나으면 또다시 넘어져 왼쪽 팔목을 다치고 싶다고. 그 팔을 캐스트하고 다시 내 조그만 사랑을 한 번 더 확인하고 싶다고. 전등불에 비치는 불그레한 아내의 얼굴을 슬쩍슬쩍 곁눈질하면서 나는 속으로 중얼거린다.

그때까지, 아니 영구히 아내한테 내 폐암의 재발 사실을 숨기고 싶다고. 가면을 쓰고 싶다고.

가족

자식들이 왔다. 아들은 서울에서, 딸 가족은 용인에서 왔다. 내가 수술받았다고, 간단한 수술이니 퇴원하면 오라고 해서, 이제 온 것이다. 그것이 부모의 마음인 것 같다. 아무리 중한 병의 수술이라고 하더라도 자식들에게 힘들고 위험한 수술이라고 솔직하게 말하는 부모가 어디 있겠는가.

자식들을 만나니 반갑다. 특히 외손녀는 아무리 울고 도망쳐도 붙잡아 품에 안아보고 싶고, 젖내 나는 말간 몸에 뺨을 비벼대고 싶다. 가족이라는 것이, 피붙이라는 것이 그런 모양이다.

아플 때는 마음이 약해지는 것 같다. 쓸데없는 공상도 한다. '내가 없어진다면?' 딸의 결혼생활에서의 변화, 아들의 장래, 그리고 아내에게 일어날 일들을 생각해 본다. 딸은 친정이라는 등받이가 없어졌다는 외로움을 느낄 것 같다. 누군가 무조건 응원해주고 훈수를 떠 줄 기댈 수 있는 벽이 와르르 무너진 느낌, 유리벽처럼 보이지는 않았지만 마음속에 튼튼히 쌓아놓았던 벽, 등받이가 없어진 것을 확인하고는 허탈감에 빠질 수도 있을 것이다.

장인, 장모를 모두 떠나보냈을 때를 생각해 본다. 그때 절감했던 것은 무거운 책임감과 아내의 애처로움이었다. 두 분이 살아 계실 때에는 그래도 믿는 구석이 있었다. 내가 없어도 누군가 아내를 돌보아 줄 사람이 있는 것만 같았다. 두 분이 모두 돌아가신 후에는 하늘 아래 누구도 그녀를 편들고 돌보아 줄 것 같지 않은, 외로운 작은 새처럼 그녀가 보이기도 했었다.

퇴원하라고 하니 울던 할머니 환자가 생각난다. 파열된 뇌동맥류를 수술했던 환자였다. 회복된 상태여서 회진하다가 퇴원해도 괜찮다는 말씀을 드렸다. 할머니가 손수건으로 눈물을 연신 훔쳤다. 돈 때문에 우느냐고 물었다. 얼토당토않다고 대답하셨다. 돈은 걱정할 것 없다고 옆에 있던 며느리도 거들었다. 퇴원한 후 한참 만에 며느리가 아닌 딸이 할머니를 모시고 왔다. 딸은 이곳에서 한참 떨어진 소도시에서 살고 있었다. 할머니에게 물었다. "지금까지 딸하고 지내셨습니까? 며느리가 그렇게 잘해드린다고 말씀하신 것 같은데……." "며느리가 잘해주기는 해 주지. 그렇지만 영감 없는 집에서 혼자 살기가 그래서……." 할머니는 그렇게 곤곤한 신세를, 변명하고 또 훌쩍거리셨다. 내가 사라졌을 때 아내가 아프면 그 할머니처럼 행동하며 살아가지 않을까? 가슴이 아리고 쓰라리다.

아이들이 모처럼 왔으니 운문사에 가자고 아내가 제안한다. 수술받은 지 얼마 되지 않아 운전하는 것이 거북하다. 도착하니 점심시간이다. 식당 안은 손님들로 꽉 차 활기에 넘친다. 마루의 창가에 빈자리가 있어 앉는다. 창문을 통해 들어온 햇볕이 마룻바닥에 붉은 주황색 구획을 만들어 놓고 있다. 그곳에 내가 앉도록 아내와 딸이 주선해 준다. 햇볕이 머리, 어깨, 왼쪽 몸통 반쪽을 감싼다. 왜 그리 따뜻한지. 어릴 적 고향의 사랑방에서 보았던 그 따뜻한 햇볕, 문종이로 바른 문의 중앙에, 바깥에 누가 오는지 알아보려고 붙여 둔 조그만 유리창을 통해 쏟아지던 햇살, 노란 왕골자리 위에 만들어 놓았던 한 자락의 밝은 빛, 그 햇볕은 너무나도 안락한 포근함과 따뜻함을 가지고 있었다.

정말로 그 햇볕을 그냥 두는 것이 아까웠다. 솜털이 솟아 있는 팔뚝을 햇볕 속으로 밀어 넣으면 솜털은 한 번씩 황금빛으로 빛났다. 세파에 시달리기 전의 깨끗한 손등을 그곳에 얹어놓으면 햇볕은 얇고 얇은 피부를 뚫고 빨간 홍시의 색깔을 빚어내곤 했다. 특별히 할 일이 없었던 나는 그것들을 하염없이 바라보며 한동안 포근함에 젖어 있기도 했다. 싫증이 나면 구멍 뚫린 양말을 신은 발을 그곳으로 밀어넣고 구멍으로 삐져나온 발가락을 꼬무락꼬무락 움직이면서 온기를 즐기기도 했다.

몸에 쏟아지는 햇볕을 즐기는 동안 주문한 메기매운탕이 나온다. 식당 벽에 메기는 고단백의 물고기로 칼슘, 철, 비타민 등이 풍부해 수술 후 회복기에 유용하다는 설명이 붙어있다. 어릴 적 메기를 잡던 기억들이 떠오른다. 시냇물 흐르는 내에서 조무래기들이 두 손으로 진흙을 깊이 파면서 훑어 가면 어쩌다가 미끈거리는 메기를 만날 수는 있었다. 잡으려고 움켜쥐면 꼬리를 한 번 힘차게 휘두르고는 너무나도 쉽게 손아귀를 빠져나가곤 했다. 너무나도 아쉬웠다. 그렇게 메기를 잡는다는 것이 힘들었다. 단지 백중날 힘센 머슴들이 논가에 있는 우물을 품어낼 때에만 드물게 수염을 길게 늘어트린 메기를 잡을 수가 있었고 메기매운탕을 맛볼 수가 있었다.

입 안에 매운탕 국물을 떠 넣으니 달콤하다. 국물 위에 뜨는 기름을 보니 수술 후 몸의 회복에 도움이 될 거라는 확신이 선다. 고기 많이 먹고 원기를 회복하라고 아내가 자꾸만 고깃덩어리를 들어내 내 그릇에 담는다. 딸도 사위의 눈치를 흘끔흘끔 보면서 역시 고기를 내 용기에 담는다. 매운탕 국물을 입 안에 떠 넣을 때마다 가족의 사랑이 느껴져 눈두덩이 시큰거린다.

산사 쪽으로 걸음을 옮긴다. 겨울이어서인지 사람은 그렇게 많지 않다. 산사에서는 청아함을 느낀다. 차갑고 싸늘한 날씨, 해맑고 청량한 공기, 잎을 떨어뜨린 나무들의 쓸쓸함, 산속이라는 정적, 그리고 여승만 있다는 점이 더욱 산사의 분위기를 깨끗하게 만든다. 여승만 보면, 수녀만 보면 애틋함이 솟아오른다. 승복과 파리한 머리를 보면, 수녀복과 머리를 감싼 베일을 보면 삶의 의미를 생각하곤 한다.

절의 경내에 들어가니 쌀쌀한 날씨임에도 불구하고 두 딸과 어머니인 듯한 노인이 두 손을 모으고 대웅전 부처님을 향해 공손히 경배를 드리고 있다. 법당 안을 기웃거리니 몇 분이 부처님에게 절을 하고 있다. 저 경건한 모습, 두 손을 가지런히 모으고 무릎 굽혀 허리를 굽히며 바닥에 손을 대고 머리를 조아리는 행위 속에는 수많은 바람이 숨어있을 것이다. 그 바람의 중심에는 가족이 있을 것이다. 피붙이 말고 누가 저렇게 온 정신을 집중하여 부처님께 빌어 올리겠는가.

우리 가족도 부처상을 보고 많은 생각을 할 것이다. 자신을, 다른 가족을, 그리고 내 건강을 걱정하고 회복되기를 바랄 것이다. 그래, 힘을 내자. 내 가족들도 저들처럼 나를 위해 절실한 기도를 마음속으로 하고 있지 않겠는가? 가족을 보아서라도, 나를 위해서라도 한 번 더 용기를 내자.

구토

웅크린다. 그렇게밖에 할 수가 없다. 이미 정해진 스케줄대로 손발이 묶인 동물처럼 공포에 떨면서 눕는 것이다. 몸속으로 스며드는 화학물질은 나를 어쩌지 못하게 한다. 그저 손과 발이 묶인 형체로 가만히 웅크리고 참아내야 한다. 미지에 어떤 괴로움이 닥치는 것을 희미하게 예상하면서 공포에 떠는 것이다.

어릴 적 명절이 다가오면 고향에서는 돼지를 도살했다. 지금이야 그것이 불법인지 모르겠으나 그때는 그랬었다. 돼지는 아침까지 밥을 정신없이 먹었다. 돼지 밥을 주던 어머니의 손길이 떨렸다. 식후의 돼지는 달착지근한 낮잠에 빠졌다. 그리고는 묶였다. 돼지는 고함을 꽥꽥 질렀다. 그러나 그것이 전부였고, 누구 하나 묶인 줄을 풀어주지 않았다. 그때의 불안을 생각해 보아라. 희미하게 닥쳐오는 죽음, 죽는 것보다 죽음을 예측하는 두려움, 15층 아파트 베란다에서 뛰어내리고도 싶다.

참는다. 이를 악문다. 일주일이라는 터널, 일주일만 견디면 되는 것이다. 몇 번 지나온 터널이 아닌가. 그저 웅크린 자세로 무릎을 굽혀 배에 대고, 팔을 굽혀 가슴에 얹고, 구십 노모의 옛날 자궁 속에 있던 그런 자세로, 개구리가 동면을 하듯, 그저 죽은 듯이 웅크리고 있기만 하면 되는 것이 아닌가. 괴롭다고, 그저 시간이 가달라고, 일주일만 지나가달라고, 잠이 와달라고, 눈을 감고 기도한다.

잠, 잠을 자야 한다. 낮이나 밤이나 잠을 자야 한다. 편안함을 시기해서 악몽이 심술을 부린다고 해도 그것을 원한다. 메스꺼움, 구토를 견딜 수가 없다. 사르트르가 쓴 〈구토〉에서 로캉댕이 손이 닿거나 눈길만 주어도 일어나는 구토와는 다르다. 실존의 원초적 물질과의 교감 때문에 생기는 것이 아니고 몸속으로 들어온 화학물질이 숨골에 있는 구토 중추를 자극해서 생기는 것이다.

피부에 물기가 없다. 검고 쭈글쭈글하다. 탈진한 피부는 나무 껍데기를 만지는 듯 감각이 어둔하다. 무언가 먹어야 한다. 먹는다는 것이 사는 것이다. 그렇지만 먹을 수가 없다. 식욕이 전혀 없고 시도 때도 없이 욕지기가 엄습한다. 물이 쓰다. 건강할 때 건강이 무엇이고 행복할 때 행복이 무엇인지 모르듯이 평소에는 물을 마실 때 물맛이 무엇인지 모르고 살아 왔다. 물맛을 느껴야 한다. 그래야 음식의 맛을 알고 먹을 수가 있는 것이다.

주치의 교수에게 전화를 건다. 참을 수가 없다고. 그러나 이내 중지한다. 그것은 사치다. 모든 사람이 다 견디는데 왜 못 견디느냐고 하면 그것으로 끝이다. 전화를 걸지 않은 것보다 못하다. 나는 환자다. 재발한 암을 재수술받고 지금 항암제를 주사 맞고 있는 것이다. 주제 파악을 해야지. 인간이 무너지는 소리가 들린다. 내 몸에서 인간이 사라지고 동물만 남은 것 같다. 인간은 인간적이 고귀함이 존재하여야 하는데 그 고귀함이 사라지고 그저 울부짖는 동물적 본능만 남은 것 같다. 인간의 파괴. 나는 눈물을 훔친다.

외래를 내원하는 날이다. 주사 맞은 지 꼭 일주일이 되었다. 이때쯤이면 생기가 도는 법인데 이번은 완전히 다르다. 걷기가 힘들고 온 관절마디가 아프며 힘이 없다. 거울에 비친 내 눈빛은 초점이 없다. 병원 가기가 힘들다. 그래도 주섬주섬 옷을 갈아입고 가방을 챙긴다. 피검사, 가슴 X-ray를 찍고 주치의 교수를 만나기로 한다. 집을 나서면서 음악을 듣는다. 치유다. 음악은 멍한 머릿속을 돌아다니며 정리를 해주고 메스꺼움을 가라앉힌다.

주치 교수의 진료실 앞 의자에 앉아서 차례가 되기를 기다린다. 실없는 사람이 알은척을 한다. 문득 내 엉클어진 모습을 보이고 싶지 않다는 생각이 엄습한다. 초점 없이 멍한 상태의 눈동자를 보이고 싶지 않은 것이다. 자신감에 차있고 예지로 빛나는 눈동자, 초롱초롱한 눈빛을 보이고 싶은 것이다.

주치 교수와 면담한다. 창피하지만 견디기 힘들다고 호소한다. 검게 변한 얼굴색, 초점 없는 눈동자, 흐느적거리는 몸놀림, 머릿속은 멍하다. 백혈구 수치는 떨어져 있으나 위험 수위는 아니라고 한다. 혈색소 수치도 그런대로 유지되어 빈혈도 없다고 한다. 눈길은 멍하니 창문을 향하고 있다. 정신이 혼미하면 눈동자를 한곳으로 모으는 것도 힘든 모양이다. 비틀하며 진료실을 나선다. 간호조무사가 친절하게 처방전을 뽑아준다. "힘들어." 초점 없는 눈길을 그녀한테 주면서 중얼거린다. 눈가가 붉어진다. 그녀도, 나도.

병원에서 돌아와 방 안에 눕는다. 속이 메슥거리며 울렁거린다. 구토다. 원인이 있어서가 아니라 방 안에 들어서기만 해도 욕지기를 한다. 화장실, 지난번 구토를 했던 장소다. 물체들, 화장실이라는 개념과 구토를 했었다는 기시감, 방 안의 부유물질들, 몸속에 녹아있는 기억들, 그러한 것들이 마음대로 내 몸속으로 들어와 휘저어 욕지기와 구토를 만든다. 두렵다. 나는 그들과의 접촉을 무서워한다.

항암제 주사를 맞고 팔 일째다. 희미한 동굴에 빛이 스며들어 점점 밝아오는 것 같다. 형태 없이 나를 괴롭히던 물체들도 서서히 몸을 감추기 시작하는 것 같고. 메스꺼움이 조금씩 사라진다. 음식물에서도 약간의 맛을 느낀다. 쓰던 물맛이 달지는 않지만 무맛으로 변한다. 꺼칠꺼칠하던 피부의 감촉이 매끄러워지고 뻣뻣했던 머리털이 부드러워진다. 근질거리던 피부에 따끔거리는 찌릿찌릿함이 첨가된다.

인간이 되어 가는 것이다. 존엄성을 상실한, 웅크렸던 살덩이가 이제 영혼을 받아들여 주위와의 경계를 강화하는 것이다. 거침없는 무생물의 침입을 막아내면서 그들과의 접촉을 끊는 것이다. 점점 메스꺼움과 구토가 줄어드는 것이다. 그렇다면 나에게 일어났던 메스꺼움과 구토 현상은 무엇인가? 물체를 바라보기만 해도, 생각만 해도 일어나던 그것들의 본질은 무엇인가? 그것은 형체도 불확실한 어떤 외부의 관념이, 기억이, 부유물이 몸속으로 들어와 인간의 영혼을 말살하고 동물로 만들려고 할 때 처절하게 반항하던 나의 몸부림의 표현은 아니었던가? 인간이란 무엇인가? 영혼이 있어 외부와의 소통을 조절하고 존엄성을 유지할 때, 그때에만 사람은 살덩이에서 인간으로 변하는 것이 아닌가. 그래서 나는 인간이 되려고 그렇게 몸부림을 쳤던 것이었는지도 모른다.

나상裸像

폐 PET CT를 찍는다. CT에 보인 병변이 암에 가까운지 여부를 확인하기 위해서다. 하룻밤 금식과 수액 섭취, 출근하면서 1리터 이상의 물을 벌컥벌컥 마셨다. PET CT방 직원은 친절하다. 갈아입을 옷을 주고 탈의장을 가르쳐준다. 아직까지는 폐암의 재발이라는 사실이 선뜻 받아들여지지 않고 있다. 9개월 전 CT와 PET CT 추적검사에서 전혀 이상이 없었다는 사실만 머릿속에서 맴돈다.

간호사가 팔에 정맥주사 바늘을 찌르고 수액 백을 연결한다. 바늘이 피부를 통과할 때 느끼는 따끔한 아픔은 언제나 기분을 우울하게 만든다. 이방인이 내 삶의 어느 한 토막에 불쑥 허락 없이 침범하는 듯한 언짢은 기분이다. 동위원소가 수액줄을 타고 핏속으로 스며든다. 암 조직들이 있다면 동위원소들을 게걸스럽게 탐식할 것이다. 정상 조직들이 덤덤하게 바라보고만 있을 그것들을 말이다. 그리고는 온몸을 불태워 밝은 노랑 표시를 할 것이다.

동위원소가 온몸에 퍼지도록 조용히 누워있다. 전등을 끄고 방안을 컴컴하게 만들었는데도 잠이 오지 않는다. 앞으로의 치료 과정이 눈앞에 쭉 펼쳐진다. 수술을 받는 것으로 끝날까? 항암요법이 뒤따라야 하겠지. 머리는? 빠지겠지. 머리가 빠진 내 모습에서 암이라는 단어를 더 실감하겠지. 얼마 동안의 시간이 지나자 자리를 옮겨 PET CT통 안으로 내 몸을 밀어넣는다. 사진을 찍는 것이다.

오후에 핵의학과 교수한테서 전화가 왔다. CT에서 보이던 병변은 PET CT 소견상 모두 암 쪽에 가까운 소견이라고 한다. 림프절도 암의 전이 때문에 커진 것으로 판단된다고 하면서 덧붙인다. 지난번 존재하던 갑상선 병변도 더욱 커졌기 때문에 이 부분도 조직검사를 시행하여 암 여부를 확인하여야 할 것이라고.

눈앞이 캄캄하다. 오른쪽 폐에 재발한 암, 그리고 또 갑상선암이라니. 왼쪽 폐에 있는 조그만 병변은 PET CT에서 대사항진代謝亢進의 소견이 없다는 점만 다행스럽다. 그 병변은 양성일 수도 있고 악성이라도 악성도가 아주 낮은 병변일 가능성이 높다는 희망적인 소견이다. 그래도 앞으로 어떻게 해야 하나.

나를 수술했던 주치의 교수로부터 전화가 왔다. 자기 연구실에서 내 PET CT 사진을 같이 보면서 앞으로의 치료 계획을 세우자고 한다. 한 층 밑 주치 교수의 연구실로 간다. 계단이 두 개로 겹쳐 보여 허둥댄다. 역시 나도 인간이구나. 암이라는 이야기를 환자들에게 할 때는 그렇게 담담하던 나인데 막상 나의 일이 되니 이렇게 당황하고 있구나. 한 꺼풀 벗기 나의 나상裸像은 역시 그들과 다르지 않구나. 한 꺼풀 벗기면 모든 삶이 그렇고 그러하듯이.

주치의 교수와 PET CT 사진을 바라본다. 바른쪽 폐의 병변과 림프절이 노란색으로 밝게 빛나고 있다. 갑상선의 좌측에서도 그러한 부분이 있다. 아름답게 보이는 저 부분에 암세포들이 우글거린다니. 어떻게 해야 하나. 멍한 상태다. 주치의도 말이 없다. 곤혹스런 표정으로 컴퓨터 화면의 PET CT 사진만 뚫어지게 바라보고 있다. 안정을 되찾고 주치의 교수에게 묻는다. "어떻게 하면 되겠느냐?"라고.

주치의가 결심한 듯 이야기를 한다. 일단 갑상선의 병변이 무엇인지 알아보자. 초음파 검사를 하고 바늘흡입(needle aspiration) 조직검사를 하는 것이 좋겠다. 갑상선 자체에 생긴 암일 수도 있으나 재발한 폐의 암이 그곳으로 전이된 것일 수도 있다. 내분비외과에 가서 갑상선 병변에 대한 진단 및 치료에 대하여 상의해라. 갑상선 병변의 본질에 따라 폐에 있는 병변의 치료 계획도 서로간 완전히 달라질 수 있다.

또다시 눈앞이 캄캄하다. 반대 측 폐에 있는 병변이 전이성 종양이라고만 해도 4기期인데 그것이 갑상선까지 갔다면 과연 내 병은 몇 기期인가? 앞으로 얼마나 더 오래 살 수 있을 것인가? 치료는 과연 가능한가? 비틀거리는 걸음으로 주치의 방을 나와 내분비외과에 전화를 걸어 진료 예약을 한다.

연구실에서 멍한 상태로 앉아 있을 때 친구한테서 전화가 왔다. 한쪽 얼굴에 감각이 이상한 것 같아 MRI를 촬영하였다고 한다. 사진상 큰 이상은 없다고 하는데 어떻게 하면 되겠느냐고 묻는다. 짜증이 났다. 내 입장과 비교해 보니 그것은 사소한 문제처럼 보이기도 한다. 몇 가지 더 증상에 대하여 묻고 나름대로 퉁명스럽게 설명을 해준다. 또 아는 분으로부터 전화가 온다. 남편이 탈장 때문에 수술을 해야 하는데 수술할 교수에게 부탁하여 수술 날짜를 앞으로 좀 당겨 달라는 부탁이다. 속이 부글부글 끓는다. 집도할 교수한테 전화를 해서 그 내용을 전하고 가능하면 수술 날짜를 앞으로 당겨주도록 부탁을 한다.

전화가 또 왔다. 이번에는 응급실의 전공의한테서다. 뇌종양 환자가 왔는데 나한테 진료받기를 원한다는 전갈이다. 무거운 마음으로 응급실로 향한다. 응급실 컴퓨터에 떠 있는 환자의 MRI 사진을 본다. 좌측 기저핵基底核 부위에 광범위하게 암 세포들이 퍼져 있다. 환자를 진찰하니 바른쪽이 마비되어 있고 언어가 불완전하다. 치료가 힘들겠다는 생각이 든다. 환자 보호자를 MRI 사진 앞으로 오시도록 한다. 병변 부위를 가리키면서 설명을 한다.

"이곳이 병변 부위입니다. 시커멓게 보이는 이 부분 전체가요. 불행하게도 악성으로 보입니다. 이곳은 뇌의 아주 중요한 부위이기 때문에 수술하기가 불가능합니다. 일부 조직을 뜯어내어 조직검사를 하고 결과에 따라 방사선 치료를 해야 할 것 같습니다."

"암이라고요? 수술이 불가능하다고요? 그러면 치료가 불가능한 것 아닙니까? 어제까지 멀쩡하던 사람입니다. 어떻게 이럴 수가……."

환자 보호자의 눈빛이 변한다. 절망이라는 빛이 눈에 들어가면 악에 복받친 눈빛으로 나오는 것 같다. 어렴풋하게는 한 번씩 죽음이라는 단어를 생각은 해 보았을 것이다. 그렇지만 절박한 심정으로 느껴본 사실은 없었을 것이다. 보호자는 나를 뚫어지게 바라보고 있다. 이야기를 계속한다. 암이라는 사실을 받아들여라. 입원해서 조직 검사를 하고 방사선 치료를 하자. 현대 의학적으로는 이 방법밖에 없다. 울지 마라. 암이라는 사실 자체는 어떻게 바꿀 수가 없다.

눈가에 물기가 젖은 보호자는 한동안 말없이 나만 뚫어지게 바라보다가 환자가 누워있는 곳으로 간다. 환자인 아내의 손을 붙잡고 한동안 말없이 눈물을 훔친다. 그러다가 갑자기 "멀쩡하던 환자가 죽는다고? 고칠 수가 없다고? 필요 없어. 서울 큰 병원으로 가겠어. 퇴원시켜줘." 하면서 화를 벌컥 낸다.

이런 말을 들을 때면 나도 화가 난다. 환자나 보호자에게 보내던 동정심도 햇볕에 안개 걷히듯 사라진다. 서울 큰 병원으로 가겠다는 말을 들으면 무시당하는 듯한 느낌과 함께 자존심에 상처를 입는다. 동정심이 분노로 바뀐다. '마음대로 해 보이리. 네기 잘못 이야기했는가? 세상 어느 병원에 가도 그 이상의 치료 방법은 없을 것이다.'라는 비아냥거림도 뒤따른다. '경과가 나쁜 환자는 나도 맡기가 찜찜한데 잘되었다. 그러한 환자의 삶을 마감할 때까지 옆에서 동행한다는 것이 어디 쉬운 줄 아는가?' 후련하다는 듯이 전공의에게 이야기한다. 그 환자를 퇴원시키라고.

응급실에서 연구실로 돌아와 의자에 앉는다. 잠시 환자를 보느라고 잊어버렸던 내 병에 대한 생각이 다시 떠오른다. 응급실 환자와 내 모습이 겹친다. 그래, 나도 그 환자와 비슷할지도 모른다. 폐 CT와 PET CT를 찍기 전까지는 건강하다고 생각하지 않았던가! 폐암이 반대 측 폐, 갑상선까지 전이되었다면 치유될 수 있는 희망이 없을지도 모른다. 주치의는 내가 의사이기 때문에 냉정하게 가망 없다는 말을 하지 않았을 것이다. 내가 의사가 아니었다면 내가 응급실의 환자에게 했던 것과 똑같은 말을 그도 나에게 했을 수도 있다.

문득 응급실 환자와 보호자에게 화낸 일이 미안해진다. 잠재의식 속에 내 몸이 불편하다는 생각이 없었더라면 그렇게 민감하게 화를 내지는 않았을 수도 있다. 가만히 되돌아 생각해보니 그것은 그들한테 화를 냈던 것이 아니라 중병에 걸린 나 자신에게 화를 낸 것이 아닌가 하는 생각도 든다. 왜 하필 그런 일이 나에게 생겼는가? 다른 사람들은 모두 멀쩡한데.

나만 바보가 된 듯한 느낌이 엄습한다. 무엇을 잘못해서 벌을 받는지도 모른다는 죄책감이 뒤따른다. 내가 치료했던 환자들 중 경과가 좋지 않았던 환자들의 얼굴이 눈앞에 쭉 펼쳐진다. 그래, 결국 내 문제였구나! 내가 절망을 해서 친구에게도, 지인한테도 그렇게 날을 세웠고, 응급실 환자와 보호자한테도 그렇게 화를 내었었구나. 문득 응급실 환자와 보호자를 붙잡고 같이 울고 싶어졌다. 체면 때문에 겉으로는 그렇게 하지 못하겠지만 속으로 말이다. 의사라는 겉껍질을 벗고 나상으로 서로 부둥켜안고 불운한 운명을 같이 한탄하면서 치료 계획에 대하여 말하고 싶어졌다.

황급히 다시 응급실로 내려가 아까의 환자와 보호자를 찾는다. 그들은 이미 퇴원하고 응급실에서는 보이지 않는다. 멍하니 응급실 출입문을 바라보다가 연구실로 발걸음을 옮긴다. 그들에게 사과한다는 말을 중얼거리면서.

사랑나무

봄기운이 느껴지는 삼월 초다. 2차 수술을 받은 후 병가를 내고 쉬는 중이다. 군의관 시절을 제외하면 내 생애 중 가장 여유로운 시간을 갖고 있다는 생각이 든다. 아프니 여유를 찾는다? 아이러니하기도 하다. 문득 어디론가 떠나고 싶다. 봄기운 때문이리라.

영천 은해사로 차를 몬다. 그곳에 갔던 기억이 아득하다. 언제였던가? 아주 젊었던 시절, 동료 교수들과 팔공산 갓바위를 거쳐 봄소풍을 갔던 기억이 어렴풋이 난다. 그때, 절 앞에는 차가운 개울물이 풍성하게 흘렀었다. 지친 우리들은 등산화를 벗어던지고 널브러져 시원한 물에 발을 담그고 봄볕을 즐겼던 기억이 있다. 지나간 시간은 사소한 일도 희미하게 그리움으로 채색하는 재주가 있는 것 같다. 꺼내보면 별 볼일 없는 돌도 물속에서는 아름답게 보이듯이 과거의 사소한 일들도 시간이라는 필터를 통해 보면 참을 수 없는 그리움을 품고 있다. 그래서 그 젊었던 시절이 이렇게 그리운지도 모르겠다.

은해사 주차장에 차를 세우고 주위를 둘러본다. 삭막하다. 추위는 주위의 풍경을 쓸쓸하게 만든다지만 너무나 황량하다. 대도시 근처 사찰은 대부분 음식점과 위락시설로 번잡한 곳이 아니던가. 점심을 먹으려고 이곳저곳을 기웃거리니 문을 연 식당은 없고 개만 낯선 우리를 보고 짖어댄다. 아픈 몸이어서인지 그 삭막함이 더욱 을씨년스럽고 초라하다. 결국 칼국수 전문이라고 써 붙인 허름한 집을 찾고 그곳으로 발걸음을 옮긴다.

바깥 날씨가 싸늘해서인지 식당 안도 춥다. 얼굴이 푸석푸석한 안주인이 방에서 나오더니 우리들을 난로 쪽으로 다가앉도록 권유한다. 한동안 보지 못했던 옛날식의 연탄난로다. 칼국수를 시키고 난롯불에 손을 녹인다. 연탄난로가 곤곤했던 학창시절을 떠올리게 한다.

대학 시절, 교수를 아버지로 둔 친구가 있었다. 친구 집에 놀러가서 식사시간까지 머무르면 친구 할머니는 억지로라도 밥을 먹고 가도록 하셨다. 의사국가고시를 준비할 때는 두 개의 도시락을 싸서 함께 공부하는 곳으로 힘들게 들고 오시곤 했었다. 형님 집에서 기숙을 하던 그때, 나는 삶이 너무나 팍팍하게 느껴져 누군가로부터 따뜻한 밥 한 끼만 얻어먹어도 울컥 눈물이 쏟아질 것 같은 생활이어서 한 번씩 얻어먹던 식사에 눈시울을 붉히곤 했었다. 그때, 연탄불에 구워 주시던 꽁치는 왜 그리 맛이 있었는지, 도시락에 싸주었던 계란말이와 김은 왜 또 그리 혀끝에서 녹아내렸는지 지금 생각하면 도저히 이해되지 않는 맛이었다.

칼국수가 나왔다. 국수 맛은 별로이나 김치 맛이 일품이다. 값을 치르면서 맛있게 먹었다고 거듭 인사치레를 한다. 불편한 몸으로 음식을 준비해 준 것이 고마워서다.

일주문 옆 매표소에서 아내가 입장권을 산다. 안으로 들어서니 하늘로 쭉쭉 뻗은 소나무들이 울창한 숲을 이루고 있다. '금포정禁捕町'은 일주문에서 보하루까지의 소나무 숲길을 말하며 일체의 생명을 살생하지 않는다는 뜻으로 붙인 이름이라는 설명문이 있다.

나는 소나무 숲만 보면 왜가리들이 생각난다. 어릴 적 고향집 바로 옆 동산에는 소나무가 울창하게 들어차 있었다. 저녁 무렵이 되면 어디로부터인지 왜가리들이 몰려와 소나무 우듬지 속에 저녁 잠자리를 만들곤 했다. 잠자리다툼 때문인지 한동안 그것들이 질러대는 소리가 우리들이 놀이를 하면서 내지르는 고함소리보다도 더 컸었다. 시간이 지나면 대부분의 왜가리들은 머리를 깃 속에 깊이 처박고 소나무의 일부가 된 듯 미동도 하지 않는 조용한 장면을 연출했다. 그 광경은 소나무 우듬지 속에 흰 무궁화꽃들이 만발한 듯한 풍경으로도 보였다. 석양빛으로 붉게 물든 구름들이 배경으로 펼쳐질 때는 흰색이 더욱 두드러져 왜가리들이 무척 우아하게 보이기도 했었다.

금포정 숲길로 들어서자 중간 중간에 삶의 경구들을 써놓은 팻말들이 서 있다. 어떤 글은 불자가, 어떤 글은 스님이 썼다는 저자의 이름도 밝혀져 있다. 그것들을 하나하나 읽으면서 절 쪽으로 발걸음을 옮기는데 수필가가 쓴 글들도 있다. 나도 좋은 글을 써서 이런 곳에 전시가 되면 영광일 거라는 생각도 든다.

조금 더 올라가니 느티나무의 가지가 참나무의 몸통을 파고들어 서로 붙어 있는 나무가 있다. 옆에는 사랑나무라는 명칭과 함께 가지가 합쳐지면 연리지連理枝, 나무가 합쳐지면 연리목連理木이라고 한다는 설명문이 있다. 합쳐진 부위의 참나무는 울퉁불퉁한 혹을 만들고 있다. 한 몸이 다른 몸을 품어 안는다는 것이 얼마나 많은 아픔을 참아내야 하는가를 보여 주는 듯도 하다. 타인을 몸 안으로 품는다는 것은 결국 자기 자신에게 상처를 만들고 그 아픔을 치유하고자 하는 면역물질인 무살을 자꾸만 만들어 쌓아가는 과정처럼 보이기도 한다.

문득 부부 사이도 이와 마찬가지일 거라는 생각에 무정하게 지내던 아내가 보석처럼 빛나 보인다. 내가 아팠을 때 거짓이 섞이지 않은 진정한 고통의 모습을 보일 수 있었고 괴로움을 호소할 수 있었던 사람은 아내뿐이었다. 의료진에게도, 형제들과 자식들에게도 그런 모습을 보일 수가 없었고, 어머니한테는 아프다는 사실

자체를 숨겨야 했다. 그런 나를 감싸 안고 생활해야 했던 아내의 마음에는 얼마나 큰 아픔과 인내의 혹이 생겼을까? 얼마 전 아내가 잠결에 가만히 내 손을 잡았던 일이 떠오른다. 얼마나 내가 안타깝게 보였으면 그 나이에 자고 있는 내 손을 그렇게 애틋하게 잡고자 했었을까?

살아있음에 대한 노래를*

다리를 건넌다. 내를 건너면 대웅전이다. 다리 밑을 흐르는 물은 발뒤꿈치를 들고 걷듯 조용조용 흐른다. 검고 투박한 듯한 겨울의 인상이 물에 투영되어 그렇게 정중하고 무거운 듯한 걸음걸이를 보이는 것 같기도 하다. 골짜기 위쪽에는 얼음이 아직 물 위를 덮고 있고 소沼 중앙에는 얼음들이 녹아 봄빛을 맞으려는 듯 가만히 가슴을 열고 있다.

물속에는 몇 마리의 산천어들이 유영하는 모습이 보인다. 날씨가 추우면 얼음은 산천어들을 보호하기 위하여 두께를 더한다는 글을

---

* 오정희 산문집 제목.

읽은 적이 있는데, 날씨가 풀리니 소沼가 몸을 풀고 산천어들에게 바깥구경을 시켜주고 있는 듯하다. 인간이나 자연이나 살아간다는 것은 결국 보듬고 안고 간다는 것, 약하게 보이면 보듬어 안고 강한 듯 설치면 버릇없음을 탓하듯 한 번씩 꾸지람을 준다는 것, 결국 내 아픔도 매를 들어 나에게 가르침을 주려는 뜻이 아니겠는가.

수술을 받고 침대에 누워 괴로워할 때 아내가 이야기했었다. 꿈이라고, 지나고 나면 꿈처럼 느껴질 것이니 참으라고, 아픔이 다 그렇지 않던가. 한순간은 계속될 듯이 겁을 주다가 어느 순간 문득 사라지는 것, 회복하고 나면, 아픔을 벗어나고 나면 정말로 내가 언제 그렇게 아팠느냐고 꿈이야기를 하듯이 웃으면서 말할 수 있는 것, 그런 것이 아니던가.

대웅전 앞마당으로 들어서니 몸을 비틀고 서 있는 향나무가 있다. 보호수라는 팻말이 붙어 있듯이 수령이 오래된 듯 자태가 우람하고 귀한 모습이다. 가지를 자른 자리가 동물의 속살을 베어낸 듯 붉다. 저 붉은 살, 설익은 스테이크를 칼로 잘랐을 때 보이는 듯한 저 색, 입가로는 육즙을 흘리며 씹어 삼키는 타자의 단백질, 약자는 강자에게 먹혀야 된다는 원시적 삶에서부터의 죄의식, 그래서 제사 때 향나무의 살점 같은 붉은 조각을 베어내어 향불을 피우면서 인간들은 원죄를 조상 앞에서 빌고 무릎을 꿇는지도 모른다.

향나무를 보면 또한 숙모의 절규와 어릴 적 사라져간 사촌들의 모습이 떠오른다. 숙모는 여러 명의 사촌들을 낳았지만 하나같이 모두 어릴 적에 죽었다. 지금 생각하면 사인死因이 논가에 돌로 쌓아 만든 비위생적인 우물물을 식수로 사용했기 때문에 생긴 장내 세균에 의한 설사와 탈수로 생각되지만, 그 시절에는 건드리지 말아야 할 조상의 물건을 건드려서 생긴 동티로 간주했었다. 그래서였는지 어린 사촌이 숨을 거둔 다음날이면 어김없이 울긋불긋한 옷들이 입혀진, 짚으로 만든 인형들이 우물 옆의 향나무에 여러 개 걸려 있곤 했다.

아내는 저만치 대웅전 앞을 서성이고 있다. 부처님에게 내 병의 회복을 감사하고 앞으로의 안위를 빌고 있는 듯도 하다. 나는 주위 풍경을 이리저리 둘러보다가 장을 담근 단지들이 가지런히 놓여있는 곳으로 발걸음을 옮긴다. 장의 재료가 된 콩과 장 담그는 과정을 상상해 본다.

콩은 오랫동안 뜨거운 태양 빛과 온화한 저녁 달빛과 차가운 새벽 별빛을 하나하나 가슴에 담아 몸피를 키우다가 꼬투리를 트고 밖으로 튀어 나왔을 것이다. 다음에는 물에 씻겨 솥에 넣어지고 낙엽과 장작불로 데워졌을 것이다. 솥 안에 열이 가득 차면 콩의 영혼은 스르르 빠져나와 솟아오르는 김으로 탈바꿈하여 자신의 굳은 몸을 부드럽게 만들었을 것이다. 망가져야 새로움이 탄생한다고 그들은 서로 엉키고 으깨져 외형을 바꾸어 메주로 변해서 저 단지들에 담기어 짜디짠 간장의 졸임을 가슴으로 받아들였을 것이다.

단지 속에서 솔잎들의 속삭임과 개울물의 조잘거림을 얼마간 듣다가 맑은 태양 빛으로 짠맛의 강도를 높이고자 단지 뚜껑을 열어 놓는 날 낮에는 수분을 날려 보내 졸임의 강도를 높였을 것이고 보름밤에는 만월의 달빛으로 몸을 씻어 청아함을 유지했었을 것이며 초승달과 그믐달의 밤에는 부족함의 미덕을 배웠을 것이다. 그러한 인고의 시간을 보낸 후에야 마침내 머리를 깎고 속세의 먼지를 털고자 밤새워 고뇌하는 자들의 배고픔을 채워주게 되었을 것이다.

망념妄念에 빠져있는 중에 갑자기 기침이 난다. 수술받은 쪽 가슴이 결린다. 가슴을 움켜쥔다. 괴롭다. 세 번이나 가슴을 열고 들어낸 덩어리, 성장이 남달리 빠르다고 움켜쥐어 뜯어낸 붉은 살, 암이라는 덩어리는 정말로 꽃이 될 수 있을까? 원수를 사랑하는 사람은 정말로 암 덩어리를 사랑할 수 있을까?

내 옆구리에 길게 그어진 사선의 상처는 내 가슴속 아픔이 드나들었던 길일 것이다. 앞으로도 살아가면서 그 상처는 한 번씩 경고의 붉은 등을 켤 수도 있으며 내 삶이 이것뿐인가 하는 아쉬움을 줄 수도 있다. 그러나 다른 한편으로 생각하면 그것은 하나의 안도감, 평화로움을 줄 수도 있다. 끝이 보이지 않아 영원할 것으로 생각하던 삶의 경계점이 저만치일 것이라는 것을 알려주기도 하고, 이제 더 이상 내일을 위해 준비하는 것이 아니라 지금 이 순간을 위해서 살라는 가르침을 주기도 한다.

어찌하겠는가, 삶이란 유한有限한 것이 아닌가. 유한함을 어렴풋이 알면서도 무한無限한 것처럼 사는 것이 우리네가 아닌가. 갑자기

한순간 한순간의 삶이 아름다워 보인다. 어쩌면 찬란하기까지 하다. 죽음을 선고받았다가 생명을 다시 받은 기분, 산사의 경내로 비쳐드는 삼월의 햇빛을 그냥 주어버리는 것이 아깝고 아쉽다. 살아 있음에 감사하고 하루하루 살아있음이 왜 이리 황홀한가.

새로 꾸는 꿈

눈을 뜬다. 누군가의 모습이 희미하게 보인다. 흐릿한 초점을 맞추려고 미간을 찡그린다. 아내의 모습 같다. 간호사의 모습이 보이지 않는 것으로 보아 중환자실은 아닌 것 같다. 돌아온 것이다. 레테(Lethe)의 망각의 강을 건넜던 혼령이 다시 이승으로 돌아온 것이다. 수액줄을 따라 흐르던 마취제, 그것은 망각의 강물처럼 한 방울, 두 방울 내 몸속으로 들어와 기억을 모두 가져갔었다. 수술받던 그 기간의 기억들을.

기억을 상실한다는 것은 슬픈 일이다. 그 기간 동안 무슨 일이 일어났는지 궁금하기도 하고 불안하기도 하다. 수술실로 밀어넣어졌던 기억, 다시는 수술대에 누워 있는 내 모습을 보지 않으려고 했다는 간호사의 동정 어린 한마디, 말없이 다가와 마취를 걸던 마취과 교수의 얼굴, 그 후 망각의 물을 마신 듯 잃어버린 기억, 희미하다가 선명해지는 아내의 모습, 뚜렷이 보이는 옷장, 벽에 붙은 텔레비전 화면……, 병실로 다시 돌아온 것이다.

몸을 약간 움직이니 옆구리가 땅긴다. 무의식적으로 신음소리를 내니 아내가 다가와 내 의식이 돌아온 것을 확인한다. 아내의 눈에 눈물이 고여 있다. 내 눈에도 눈물이 핑 돈다. '미안하다.' '용서해 달라.'는 말만 떠오른다. 어디서 읽었던가. 남편에게 '외도하는 것, 그것은 견딜 수 있어도 건강 잃는 모습은 용서할 수 없다.'고 했다는 어느 분의 말, 가슴이 울컥한다.

예상했던 것보다 아픔이 심하다. 기침할 때마다 상처부위가 뜨끔거리며 나를 긴장시킨다. 아프다는 것은 살아있다는 증거라는데 그래도 괴롭다. 태어날 때는 어머니의 아픔 속에서 편안하게 이 세상에 나왔지만, 돌아갈 때는 자신의 고통 속에서 괴로워하며 가는 것인지도 모르겠다.

고개를 돌려 아픈 옆구리를 바라본다. 수술 자리인 가슴벽에는 반창고가 더덕더덕 붙어있고, 두 개의 고무 튜브가 상처 부위에서 나와 병실 바닥에 놓여있는 배액통과 연결되어 있다. 수술 부위에서 흘러나오는 피는 튜브를 타고 배액통에 모인다. 물과 피가 섞인 액체가 숨을 쉴 때마다 오르락내리락하고 있다. 그 모습을 보자, 어릴 적 보았던 돼지를 도살할 때의 광경, 돼지가 숨을 쉴 때마다 울컥울컥 목에서 쏟아지던 피가 연상된다.

배액통을 물끄러미 바라본다. 공기 방울들이 숨 쉴 때마다 방울 방울 물속에서 솟아올라 표면으로 사라지고 있다. 코에 꽂혀 있는 카테터를 통해 산소가 폐로 들어오고, 탄산가스가 고무 튜브를 타고 배액통으로 배출되었다가, 수면 위로 떠올라와 공기 중으로 사라지는 모습이다. 나는 숨을 쉬고 있는 것이다. 뽀글뽀글 물속에서 솟아오르는 공기 방울을 보면 그것은 확실하다. 숨을 쉰다는 것은 살아 있다는 증거다.

죽음이란 무엇일까 생각해본다. 누구나 자신 속에 갖고 있는 것, 평소에는 전혀 관심이 없다가 병실 침대에 누워있으면 실감하는 것, 이 병만 낫게 해준다면, 다시 생명만 돌려준다면, 남은 생애 천사 같은 마음으로 살아가겠다고 맹세하도록 하는 것, 평범한 일상이 정말로 행복이었다는 것을 깨닫도록 하는 것, 아내를 포함한 가족들에게, 이웃들에게 정말로 진정한 감사함을 가르쳐 주는 것, 그리고 결국 죽음은 운명에 따라 결정되는 것이라는 것을 깨닫도록 해주는 것…….

아내를 물끄러미 바라본다. 내 아픈 모습보다 아내의 모습이 더 안돼 보인다. 흰 머리카락이 무척 많아진 것 같고, 주름살도 깊어지고 숫자도 더해진 것 같다. 아내에게 죄를 짓는다는 생각이 엄습한다. 아내가 지어 준 밥을 먹고 잔소리를 들으면서, 병실이 아닌 병원으로 출근하던 때가 행복했었다는 생각이 든다. 아내가 타 준 커피를 마시면서 아파트 창문을 통해 뒷산의 숲을 바라보던 기억, 주렁주렁 달렸던 아까시꽃을 바라보면서 꽃향기는 왜 없지 하고 코를 이리저리 벌름거리던 기억, 뒷산으로 산보가자는 아내의 청을 뿌리치고 테니스 경기를 하고 와서 한참 동안 잔소리를 듣던 기억……. 지금 생각하면 그런 것들이 모두 행복한 순간들이었다는 것을 깨닫는다.

수술한 집도의가 회진을 왔다. 얼굴이 나보다 더 핼쑥하다. 상처 부위가 아프냐고 묻는다. 무척 아프다고 대답한다. 두 번째 수술이어서 유착이 심하고 늑골도 골절시켰기 때문에 그럴 것이라고 대답한다. 수술하는 데도 무척 어려움을 겪었다고 술회한다. 수술하기 전에는 간단하다고 해놓고는. 내가 농담을 하면서 주치의를 위로한다. 어찌 아는 사람을, 가족이나 동료를 수술하는 것이 쉬운 일인가. 익숙한 것에 대한 낯설게 하기의 미숙함, 그것은 어쩔 수 없는 인간의 본성이 아닌가.

주치의가 말한다. 왼쪽 것도 수술해야 하는데 다음에 하자고. 우울하다. 반대 측 폐까지 전이되었다면 4기期다. 5년 생존율 0%이고 2년 생존율 50%이다. '왜 한꺼번에 수술하지.' 속으로 중얼거린다. 양쪽을 한꺼번에 수술하면 폐 기능이 떨어져 위험하기 때문에 그렇게 할 수가 없었다고 말한다. 주치의가 나가자 아내가 훌쩍거린다. 나도 우울하다. 그렇지만 어떻게 하겠는가. 주치의에게 모든 것을 맡겨야 하지.

희망을 가져야 하겠다고 다짐한다. 희망을 버리는 것은 삶을 포기한다는 것과 같다는 생각이 들어서다. 판도라 상자에는 아직 희망이 남아있지 않은가. 일생 동안 도저히 이루어질 수 없는 것이라 해도 꿈은 꿔야겠다. 버지니아 울프가 쓴 〈등대로〉에서 램지 일가가 등대로 가고자 하는 꿈을 10년 이상 꾸다가 마침내 등대에 다가가듯이, 나도 꿈을 꾸고 그 꿈을 이루고자 하는 희망을 가져야겠다.

조용히 눈을 감고 꿈을 꾼다. 자전거를 타고 전국 일주하기, 조그만 오두막집을 산골에 짓고 마음껏 책 읽고 글쓰기, 컨테이너 집을 호숫가에 짓고 낚시하면서 소로우 흉내 내기, 그리고……. 많은 꿈을 꾸고 이루고자 하는 희망을 가지면서 나머지 삶을 보내고 싶다.

수치羞恥

갑상선에 생긴 병변에 대해서 초음파 검사와 바늘 흡입 조직검사를 받는다. 불이 꺼진 어둠속에서 젤리를 듬뿍 바른 초음파검사 기구가 목 위에 닿는다.

선득하다. 의료기구라는 싸늘함이 선득함을 부추긴다. 방사선과 교수는 특별히 자세히 검사하려는 듯 초음파검사 기구를 반복해서 움직인다. 왔던 길을 다시 가고 갔던 길을 다시 온다. 반복되는 기구의 움직임이 지루하다. 과도하게 뒤로 젖힌 목의 자세도 견디기가 힘들 정도로 불편하다.

정적 속에서 기구 움직임의 바스락거리는 소리가 지속되다가 멈춘다. 최종적으로 확인할 부위가 있는지 한 번 더 기구가 움직이더니 음성이 뒤따른다.

"다행이 병변은 양성 같네요, 그렇지만 최종 암 여부를 확인하기 위하여 바늘 흡입(needle aspiration) 조직검사를 시행하겠습니다." 따끔거리는 통증과 함께 깊은 압박감이 목 위로 전해온다. 초음파 검사상의 병변부위로 바늘 끝을 유도하는지 간헐적으로 통증이 반복되다가 갑자기 수축하는 아픔이 뒤따른다. 바늘 침의 끝이 빠져나오는 모양이다.

"수고하셨습니다. 모든 검사는 끝났습니다."

검사 교수의 말과 함께 불이 켜지고 검사부위를 소독하는 소독제의 선뜻함이 뒤따른다. 다행이다. 바늘 흡입 조직 검사의 결과를 확인해야 되겠지만 초음파 검사상 양성의 소견을 보이는 것만 해도 얼마나 다행스런 일인가.

집에 돌아오자 아내가 폐 PET 검사와 갑상선 초음파 검사의 결과를 묻는다. 갑상선 병변은 바늘 흡입 조직검사의 결과가 나와야 확실하게 알 수 있지만 초음파 검사의 소견으로는 양성에 가깝다는 대답을 해준다. 폐 PET 검사의 소견은 폐암의 재발이 확실하기 때문에 수술을 받아야 할 것 같다고 대답한다. 그리고는 아내의 눈치를 살핀다.

아내는 예상 밖으로 담담하다. 자기는 벌써 1차 수술받을 때 암이기 때문에 다시 재발할 것이라는 것을 예상했다고 말한다. "당신은 의사인데 그것도 몰랐느냐. 당신이 수술받고 술을 다시 마실 때 알아 봤다. 술만 마시지 않았으면 괜찮았을 텐데 술을 다시 마시는 바람에 암이 재발했다."라고 말하면서 모든 원인은 술로 귀착되고 모든 비난은 나의 무절제한 생활 습관으로 모아진다.

사실 아내가 그렇게 이야기해도 할 말은 없다. 오른쪽 폐암을 초기에 수술했기 때문에 완치되었다는 믿을 수 없는 진실을 믿으면서 생활했던 것이다. 처음에는 금주를 하다가 테니스 경기를 한 후 그 목마름의 유혹에 맥주를 한두 잔 마시기 시작하여 마침내는 한 병 정도는 거뜬히 마시곤 했었다. 더구나 수술에 대한 설명을 듣고 수술 승낙서에 서명을 할 때 아내의 하얗게 변한 얼굴색과 서명할 때 떨리는 손길을 기억하는 나로서는 어떻게 변명을 할 수가 없는 것이다.

다음날 병리과 교수한테서 전화가 왔다. 갑상선 병변의 바늘 흡입 조직검사를 검토한바 양성이라고. 이어서 내분비외과 교수한테서도 전화가 왔다. 갑상선에 있던 혹은 양성이니 수술할 필요가 없다고. 힘이 솟았다. 폐를 수술할 주치의에게 전화를 한다. 갑상선의 종양은 수술할 필요가 없으니 폐만 수술할 날짜를 잡자고.

아침 일찍 잠을 깼다. 재발한 오른쪽 폐암을 수술하는 날이다. 지난밤 수술 승낙서, 비보험 물품사용 승낙서 등에는 내가 서명을 했다. 그런 서류에 서명을 하면서 아내가 보일 불안과 두려움에 떠는 모습을 다시 보고 싶지 않아서다. 수술 시간을 기다리는 것이 무척 지루하다. 불안하고 특히 부끄러운 감정을 처리하기가 힘들다. 매일 나와 같이 근무하던 동료들 눈앞에서 수술침대에 실려 가는 모습을 보이기가 싫다. 나만이 어떤 신의 함정에 빠져 허우적거리는 가련한 모습을 보여주는 것만 같다. 암이라는 거미줄에 온몸이 감기어 허우적거리는 곤충처럼 공포에 떨면서 어느 누군가가 끄집어내 주기를 바라는 그런 모습처럼 말이다.

전공의 주치의가 병실로 들어왔다. 수술 부위를 매직펜으로 표시한다. 왜 수술실로 부르지 않느냐고 묻자 첫 스케줄이 아닌 두 번째 스케줄이란다. 분노가 치솟는다. 당연히 첫 스케줄로 수술을 받을 줄 알았다. 그렇지만 어떻게 전공의에게 화를 내겠는가? 집도할 담당 교수에게 화를 내야지. 내가 수술했던 많은 환자들도 똑같은 심정이었을 것이다. 수술 전날 불안에 떨면서 잠을 설친 환자들이 얼마나 많았겠는가. 더구나 머리를 수술받는다고 생각했을 때, 뇌에 이상이 생겼을 때 발생되는 수많은 장애의 모습을 상상하면서, 혹시나 그들도 수술 후 그런 모습으로 변해있지 않을까 하고 밤새 얼마나 가슴을 졸였겠는가.

불안과 분노와 부끄러움과 지겨움이 혼합된 감정으로 수술실로 오라는 연락을 기다리고 있는 동안 수술할 주치의 교수가 방문했다. 그도 긴장을 하고 있는지 얼굴이 창백하다. 아는 사람을 수술한다는 것이 어디 쉬운 일인가. 잘되었을 때보다 잘못되었을 때가 더 자꾸 생각되고 과감하게 손댈 부위도 자꾸만 손이 오그라드는 것이 보편적인 일이 아니던가. 주치의가 설명한다. 수술 전에 CT를 다시 시행하여 재발한 암을 표시하고 가능하면 전이가 의심되는 림프절도 표시해야 하기 때문에 수술을 오후로 잡았다고.

사람은 긴박한 순간에는 무척 날카로워진다. 수술할 주치의와는 평소에는 친한 친구로서 지내는 사이지만 지금은 다르다. 그도 냉정하게 이야기하고 듣는 나도 냉정하다. 내 환자들도 그러했을 것이다. 응급 상황에서는 환자도 그 가족들도 모든 일에 더욱 민감해진다. 민감성에 겁을 먹는 의료진은 더욱 차갑게 그들을 대한다. 그러면 환자나 가족들은 자신들의 어려움을 이해 못해주는 의료인들이 인간같이 보이지도 않는다. 위로의 말 한마디라도 해주었으면 하는 것이 그들의 조그만 바람인 것이다.

주치 교수의 설명을 듣고 어느 정도의 섭섭함을 가라앉힌다. 같이 따라 들어온 전문 간호사들의 위압적인 모습이 무척 부담스럽다. 저들이 나에게 행하는 치료 행위를 과연 받아들여야 하는 것인가 하는 의문이 수없이 떠오른다. 의과대학 교수라는 내 위치가 자꾸만 나를 수치스럽게 만들고 견디기 힘든 모욕감을 느끼게 한다. 아마 나도 그렇게 했을 것이다. 젊은 전공의들이 나이 많은 환자분들에게 반말 비슷하게 하면서 치료 행위를 하지 않았다고 누가 보장하겠는가. 또한 내 환자분들 중 우리 전문 간호사한테 치료행위를 받으면서 나와 똑같은 굴욕감을 느끼지 않은 분이 없다고 할 수 있겠는가?

드디어 호출이다. CT 방에 갔다가 수술실로 간다고 한다. CT 통 안에 들어가니 방사선과 교수가 인사를 한다. 기사가 내 가슴 벽에

CT 유도 장치를 부착한다. CT를 찍고 그 표시를 보면서 병변을 찾는 모양이다. 병변을 찾았는지 숨을 들이마시고 참으라고 한다. 부분 마취 후 CT 유도 바늘을 흉강 안으로 찔러 넣는다. 성공적으로 병변부위를 표시한 모양이다. 그리고는 방사선과 교수가 이야기한다. 전이가 의심되는 림프절은 대동맥과 가까이 있어 표시하기가 위험하므로 이것으로 끝내겠다고.

마취 전 처치를 받아서인지 정신이 몽롱하다. 수술카에 실려 수술실로 올라가는 것이 어렴풋이 느껴진다. 맑은 정신이 아닌 것만 해도 다행이다. 맑은 정신으로 어떻게 수술카에 실려 안쓰럽게 쳐다보는 동료들의 얼굴을 마주보며 눈을 맞출 수가 있겠는가. 몽롱한 상태에서는 그래도 눈을 감고 약에 취한 듯이, 모르는 듯이 지나칠 수 있지 않은가.

수술실로 들어왔는지 내 이름을 확인하고 수술 부위를 확인한다. 수없이 드나들었던 수술방이다. 수없이 많은 환자들을 수술대에 눕혀놓고 수술하던 곳이다. 이제 내가 그 수술대에 눕는 것이다. 그리고는 마취를 하게 되고 그러면 나는 내가 아니고 오직 수술받는 하나의 개체가 되는 것이다.

"자, 숨을 깊이 들이마십시오."

마취 유도액이 혈관 속으로 들어오자 나는 모든 집착을 버리고 근육을 푼다.

시안 미술관

은해사에서 나온다. 연리지의 사랑과 와불의 해탈이 잠겨있는 곳이다. 그것들이 밀물 때는 숨었다가 썰물 때는 나타나는 서해안 여* 처럼, 무심하게 경내를 둘러보면 보이지 않다가 마음을 정갈하게 다듬고 가만히 들여다보면 불쑥 보인다. 어찌 눈으로 보이는 것만이 모든 것이겠는가. 사랑도, 살아있음에 대한 감사도, 바위 속 부처도, 마음을 아파하며 품어 안을 때, 진심으로 삶의 아름다움에 고개를 숙일 때, 단단한 겉껍질을 손이 부르트도록 뜯어낼 때, 그제야 모습을 나타내는 것들이 아니겠는가.

일주문 지붕 위에는 아직 오후의 햇살이 토끼의 꼬리만큼 남아있다. 아내가 조금씩 지워져가는 햇살을 받으며 주차장 기에 세워

둔 영천 관광지도를 바라본다. 나도 슬며시 아내 곁으로 다가가 관광지의 이름을 더듬는다. 아내가 문득 시안미술관 이름을 끄집어낸다. 나는 임고서원을 들먹인다. 영화 〈미술관 옆 동물원〉, 내가 조금만 젊었다면 영화 속에서처럼 아내는 미술관, 나는 임고서원으로 등을 돌리며 각각 달려갈 수도 있었겠지만, 지금은 결국 아내의 의견에 따른다.

내비게이션에 시안미술관 이름을 등록하고 명령에 따른다. 생각없이 그냥 지시에 따라야 하나? 유치하기도 하고 창피한 기분도 든다. 시대가 자꾸 발전하면 인간은 점점 퇴화하여 단세포 원형질로 변할 것만 같은 생각도 든다. 무생물의 명령에 지배당하는 유치한 존재로의 전락, 나만의 기우杞憂일까?

큰길을 벗어나 꼬불꼬불한 좁은 길로 들어선다. 촌길이라도 아스팔트가 깔려있다. 물이 담긴 강이 얼마간 나란히 달린다. 물만 보면 좋다. 아프고 괴로운 일은 '강 건넌 이야기' 하고 밀쳐두는 데 도움이 되어서다. 시간이라는 포식捕食자가 결국 내 아픔도 먹어치울 것이다.

미술관은 산골 깊은 곳에 있다. 쓸쓸하고 삭막하다. 초등학교 폐교를 미술관으로 만들었다는 설명에 이해를 한다. 운동장으로 쓰이던 곳에 조각품들이 이곳저곳에 설치되어 있다. 광장과 조각품, 공간은 무엇인가를 품어 안아야 외로움을 견딜 수 있는 모양이다. 조각품이 조각가의 작업장에 놓여있을 때에는 단순한 무생물일 것이다. 이름을 불러 주어야 꽃이 되듯이 필요한 장소에 세워줘야 생명을 얻어 진정한 예술품이 된다.

미술관을 둘러보는 일은 삶을 한 박자 쉬어가는 일이다. 바쁜 삶을 살아갈 때는 그러한 짧은 시간도 아까워 버둥거리지 않았던가. 나는 지금까지 병원 일, 학교 일, 학회 일로 짜여진 시간표에 매여 내가 아닌 타인의 의지대로 대부분 살아왔다. 삶이란 신으로부터 배당받은 각자 한 토막의 시간인데 무엇 때문에 그 귀중한 시간들을 내가 아닌 다른 누군가의 뜻대로 사용하면서 살아왔단 말인가. 이제는 내가 내 시간의 주인이 되어야 하겠다.

미술관 안으로 들어선다. 조용하고 썰렁하다. 기념품을 파는 상점만 문을 열고 몇 개의 미술 전시회 포스터가 벽에 붙어있다. 왜 이리 조용한가? 어리둥절하고 있는데 초로의 안내자가 다가온다. 다음 전시를 위해서 문을 잠시 닫고 준비하고 있다고 미안해 한다. 갑자기 할 일이 없어져 기념품 상점을 이리저리 둘러본다. 특별하게 마음을 끄는 물건들이 없다. 입구 쪽으로 발걸음을 옮기는데 지나간 전시회 도록圖錄을 파는 곳이 눈에 띈다.

≪민화, 어제와 오늘≫이란 책자를 펴든다. 그림들이 눈에 익다. 어릴 적 병풍에서 많이 보았던 그림들이다. 처음 그림의 아름다움이 내 몸속으로 스며든 것은 민화를 통해서였다. 결혼식을 올리던 대청마루에 세워져 있던 화조도花鳥圖 병풍, 겨울 문풍지를 흔들며 스며들던 찬바람을 막아서서 등잔불의 심지를 돋우며 고개를 다소

곳이 숙이고 수繡를 놓던 누나들의 손길을 부드럽게 해주던 목단도牧丹圖 병풍, 할아버지 방의 벽 쪽에 세워져 있던 장생도長生圖 병풍들이 떠오른다. 그것들은 예술의 아름다움과 함께 화조도는 부부간의 화목을, 목단도는 아늑함과 순박함을, 십장생은 할아버지의 무병장수와 품위를 내 가슴에 담아주었었다.

책을 사들고 오래된 나무 계단을 올라 2층 미술관 속 카페로 간다. 나무 테이블과 목제 의자가 놓여 있다. 실내는 깔끔하고 음악은 매혹적이다. 대부분의 창가 의자는 젊은 남녀가 차지하고 있다. 창가에서 떨어진, 그러나 창문 밖 풍경이 조금은 보이는 자리를 찾아 앉는다. 실내의 고즈넉한 분위기에 더해져 밖은 더욱 쓸쓸하게 보인다. 아내가 커피를 시킨다. 아메리카노, 카푸치노 각각 한 잔씩이다.

내 입에 맞는 커피는 믹스 커피다. 만일 이곳에서 그런 커피를 시키면 아내는 나를 경멸할 것이다. 아내뿐만 아니라 종업원도 그런 눈빛을 보낼 것이며 어쩌면 그런 커피가 이곳에 없을 수도 있다. 이것도 〈미술관 옆 동물원〉 혹은 〈화성에서 온 남자, 금성에서 온 여자〉처럼 남·여 간의 차이일 수도 있다. 사십여 년 혀끝에 젖어 있는 커피의 맛, 뇌에 새겨진 그런 맛을 버리고 우아한 모습의 잔에 채워진 맛없는 커피를 마시는 것은 어쩌면 나에게는 가식일 수도 있다.

그렇다. 우아함 속에는 가식이 첨가되어야 한다. 가식은 곧 창조다. 피카소도 사실화를 그리다가 창조적 재능을 발휘하여 자기 생각을 담는 추상화를 그리기 시작하지 않았던가. 예술은 누군가 말했듯이 허구의 조작일 수도 있다. 예술가들은 실존의 존재물에서 아름다움을 찾아내서 표현하기도 하지만 찾아낸 아름다움에 만족하지 못하면 스스로 그것을 만들어 낸다. 그래서 예술은 허구의 조작인 것이다.

밖이 어두워진다. 쓴 커피도 모두 비워지고 빈 잔만 남았다. 폐교도 개축하면 이렇게 아름다운 미술관이 될 수 있다는 사실을 깨닫는다. 그 깨달음이 의기소침한 기분에 힘을 불어넣는다. 심호흡을 하면서 되뇐다. 한 번 더 힘을 내서 일어나보자. 버려지지 않고는 피어날 수 없는 꽃도 있다고 하지 않던가.

---

* 물 속에 잠겨 보이지 않는 바위

아픔이 아픔을 안다

산을 오르기 위하여 집을 나선다. 침대에 누워 편하게 보내고 싶은 오후이지만 아내가 불쌍해서 밖으로 나서는 것이다. 피곤하다고, 힘이 없다고, 오늘은 쉬고 싶다고, 아내에게 떼를 쓰고 이불을 머리 위까지 끌어올렸었다. 한참 동안 내 처지를 생각하다가 얼굴을 이불 밖으로 내미니 아내가 아직 침대 곁에서 머리를 숙이고 있다. 얼굴을 슬쩍 보니 우울하고 힘이 없어 보인다. 미안한 감정이 솟는다. 이불을 젖히고 등산복을 찾아 입는다. 아내의 얼굴 표정이 밝아진다.

산을 오른다. 꾸불꾸불한 오솔길을 지나 나무 계단을 오른다. 응달에는 아직 군데군데 눈이 남아있고 양지바른 곳은 눈이 녹아 질

척거린다. 산봉우리에 오르니 체육공원이 있다. 사람들이 입으로 김을 내뿜으면서 열심히 운동을 하고 있다. 한쪽 벤치에 앉는다. 운동하고 있는 사람들을 물끄러미 바라보다 몸을 한 번 좌우로 틀어본다. 옆구리가 콱 결린다. 수술 부위가 아직 완전히 낫지 않은 모양이다. 운동하고 있는 사람들이 부럽다. 문득 어렸을 적 고향에서 운동하던 기억이 떠오른다.

내 고향의 이름은 안골이다. 행정 구역상 정식 이름이 아니고 고향 사람들이 그렇게 불러왔다. 이름이 암시하듯 고향마을은 산으로 둘러싸인 골짜기 안에 있다. 병풍처럼 둘러싼 산들 중에는 '동산'이라고 부르는, 산이라고 부르기보다는 구릉이라고 하는 것이 타당한 언덕배기가 있다. 특별한 체육시설을 가지지 못했던 그 시절, 턱수염이 거뭇거뭇 솟기 시작한 형들은 젊음의 힘을 발산할 장소를 찾으려 했다. 강이라 하기에는 조금 작고, 내라고 하기에는 조금은 큰, 송정내라는 곳에서 모래를 퍼 나르기 시작했다. 동산의 봉우리에 모래들을 쏟아 부어, 쓰러져도 다치지 않을 만큼의 넓은 공간의 모래판을 만들었다. 우리들과 형들은 그곳에서 밤마다 씨름을 하느라고 힘을 쏟았다. 밭다리를 걸고 안다리를 걸고 둘러메치기를 하고……. 청소년기와 사춘기에 특별히 체력을 기를 시설을 갖지 못했던 우리들은 씨름으로 체력을 기르고 남는 힘을 소비했다.

어느 날 외사촌 남동생이 집에 왔다. 어려서 대퇴골에 결핵이 걸려 다리뼈가 손상된 동생은 걷는 것이 불편했다. 그래도 낮이나 밤이나 우리들을 따라나서곤 했다. 외삼촌의 외동아들인 그가 불구자가 된 것에 마음을 아파하던 어머니는 그를 간절하게 보살필 것을 우리들에게 무언으로 강요했다. 솔직히 절뚝거리는 그를 모임에 끼워 주는 것이 마음에 들지는 않았지만 어머니의 압력에 마지못해 끼워 주곤 했다.

씨름판은 달랐다. 다리가 온전하지 않은 그를 끼워 주기는 불가능한 일이었다. 그는 씨름판 가로 둘러쳐진 새끼줄 밖으로 밀려났다. 다칠지도 모른다는 알량한 배려의 말을 들으면서 우리들이 힘을 쓰고 밀고 당기며 쓰러지는 모습을 보곤 했다. 그는 승자가 기쁨의 환호를 올릴 때 같이 고함치고 패자가 쓸쓸해할 때는 같이 적적한 모습을 보이곤 했다. 그 모습은 나에게 비굴하게 보이기까지 했다. 남자 새끼가 줏대 있게 한쪽을 응원해야지 이쪽저쪽 눈치보는 것은 남자답지 않다고 생각하면서. 그렇지만 그는 알고 있었다. 어느 한편을 일방적으로 응원하면 다음번에는 씨름을 구경하러 오기가 힘들 것이라는 것을.

그런 생각에 몰두하고 있던 나는 문득 내가 외사촌과 같은 신세가 된 듯한 서글픈 생각이 들었다. 이제는 저렇게 열심히 운동하는 그들 속으로 다시는 들어갈 수가 없을 것 같은 벽을 느끼기까지 한다. 암에 걸린 몸, 두 번이나 수술받은 몸, 몸만 틀어도 뜨끔거리는 몸…….

아내가 다가와 옆에 앉는다. 처량하게 운동하는 모습을 바라보고 있는 내가 안되었는지 쓰고 있는 털모자를 끌어내려 귀를 덮어준다. 열列 밖으로 소외된 자의 슬픔과 분노를 표시하듯 나는 고개를 흔들면서 지팡이로 땅을 탁탁 친다. 아내가 무안한 듯 멍하고 내 얼굴을 쳐다본다. 순간 내 얼굴은 미안한 표정으로 바뀐다. 결국 나에 대한 분노인 것이다. 아직 완전하게 삭지 않고 한 번씩 불쑥불쑥 솟아오르는 분노. 왜 나에게만 이런 시련이 닥치는지 앙탈부리는 행동, 결국 그들과 완전한 화해가 이루어지지 않은 것이다.

아내와 다시 길을 나선다. 내가 말이 없으니 아내도 조용히 따라온다. 지팡이를 이리저리 휘두르는데 무엇이 걸린다. 잎을 모두 떨어뜨린 찔레나무다. 나무라기보다 넝쿨이 서로 엉켜있다. 찬 겨울 날씨에 맨몸으로 있는 줄기들이 안쓰럽다. 찔레나무를 보면 꽃보다 먼저 새순이 떠오른다. 배가 고프던 시절, 새순을 잘라서 껍질을 벗기고 입에 넣어 씹으면 오이를 베어 무는 듯한 청초함이 배어 나왔다.

햇살이 고운 봄날, 찔레순을 꺾으러 가면 따라다니던 고모네 누이동생이 있었다. 목소리가 청아해서 그녀의 할아버지한테 창唱을 배우던 그녀, 창을 들려주지 않으면 우리를 따라오지 못하게 하겠다는 윽박지름에 한 번씩 들려주던, 찬 겨울 새벽 공기같이 맑던 그녀의 목소리는 차가운 푸름을 품고 있었다.

고모네 집안은 무척 완고했다. 여자가 공부하는 것은 아무 쓸데없는 짓이라는 이유로 그녀는 중학교 진학을 포기해야만 했다. 반발 때문이었는지 그 후부터는 소리하기를 접었다. 그리고는 교회 일에 심취했다. 주일학교에서 아이들을 가르치고 창 대신 노래를 부르곤 했다.

군의관으로 근무하다가 휴가를 얻어 고향집에 갔을 때 결혼한 그녀가 애를 낳다가 사망했다는 슬픈 소식을 들었다. 집에서 출산을 시도하다가 엄마와 아기가 같이 사망했다는 이야기였다. 약식으로 장사가 치러졌고 화장해서 유골은 서해 바다에 뿌려졌다고 했다. 무척 슬프고 안타까웠다. 찔레순을 씹을 때 나던 산뜻한 향을 닮은 그녀의 청아한 목소리가 떠올랐고, 위급한 상황을 겪을 때 혹시나 의사인 외사촌 오빠를 안타깝게 찾지는 않았을까 하는 부질없는 생각도 들었다. 한동안 그 생각은 찔레가시처럼 내 가슴을 아프게 찌르곤 했다.

> 오, 그 아름다움 한창 피어날 때/ 져버린 그대/ 잠든 그대 위엔 묘석일랑/ 놓지 못하게 하리라/ 그대를 덮은 잔디 위엔/ 오직 장미를 심어/ 봄이면 새싹 트게 하고/ 야생 실버들나무 수심 어려/ 휘청거리게 하리라.
>
> — 〈꽃처럼 져버린 사랑〉의 일부/ 바이런

아파 봐야 아픈 사람의 아픔을 알 수가 있다. 건강한 사람들의 열외로 앉아있는 지금 어릴 적 씨름놀이에 참여하지 못했던 외사촌을 떠올리고 사회에서 소외된 자들의 아픈 마음에 동정이 간다. 고모네 여동생의 슬픈 이야기를 떠올리고 어느 곳에선가 그녀처럼 나의 도움을 간절히 간구懇求하는 사람들이 있을 것이라는 것을 깨닫는다. 다시 몸이 회복된다면 소외된 환자들을 돌보고 싶다. 고모네 여동생처럼 허망한 죽음이 없도록 최선을 다하고 싶다. 바닥에 닿으니 바닥에 닿은 사람들이 이해가 된다.

5
삶의 소리

삶의 소리

삶은 소리를 내면서 지나간다. 바람소리, 물소리, 빗소리, 낙엽지는 소리, 자동차 소리……. 소리 속에 움직임이 담겨 있다. 움직임이 있으니 지나가는 것이다. 지나가는 삶의 소리를 들으려고 귀를 기울인다.

병원으로 가는 골목길이다. 할아버지가 리어카에 뜯어낸 긴 창문틀과 솥과 이런저런 고물을 싣고 시멘트 길을 걸어간다. 창문틀은 길어서 리어카를 벗어나 길에 끌린다. 한 발짝 한 발짝 걸음을 옮길 적마다 길 위로 끌리면서 소리를 낸다. 삶에 대한 신음 소리 같다. 창문틀이 길 위에 그어대는 줄들은 할아버지의 마음속에 그어지는 회한의 줄처럼 보인다. 찍, 찍 가슴을 후벼 파는 듯한 소리를 낸다.

창틀보다 더 날카로운 손톱으로 가슴을 긋고 있다.

창문틀은 아파트를 짓자고 재개발지역의 집을 부수고 뜯어낸 것인지도 모른다. 둥지를 잃어버린 새처럼 새로운 보금자리를 만들려고 낯선 곳으로 떠나는 모양이다. '끄응' 리어카가 골목길 과속 방지턱을 넘어갈 때 소리를 낸다. 힘들게 살아가는 것이 삶이라는 것을 가르쳐주려는 듯, 어디로 가는지도 모르게 가는 것이 삶이라는 것을 보여주려는 듯, 리어카는 용을 쓰며 어디론가 가고 있다.

리어카가 골목을 돌아 모습을 감추자 "오이, 깻잎 2천 원, 마늘, 양파 5천 원." 하는 소리가 뒤따른다. 삼륜 트럭 운전석 유리창으로 낡은 수건을 목에 두른 초로의 남자가 보인다. 물건을 사러 다가오는 사람은 없다. 따스한 한낮의 볕이 골목길을 환하게 비추어 빈 공간을 넓힌다. 아스팔트길만 바라보는 트럭의 남자가 어색하고 쓸쓸하다.

확성기에서 울려 퍼지는 소리는 크다. 귀에 소리가 들리지 않아 사람이 모이지 않는 것은 아니다. 한 사람도 다가오지 않으니 삼륜차의 걸음이 떨어지지 않는다. 무료하게 앞만 보고 있는 운전석의 초로의 눈길, 아내의 모습이 환시처럼 보이는 듯 애처로운 표정이 된다.

어젯밤 늦게까지 오이, 깻잎을 다듬던 아내를 생각한다. 잠을 자는 둥 마는 둥 이른 아침 일어나 애들 가을 학기 등록금을 걱정하며 집 벽에 매달아 놓았던 마늘을 끌어내리고, 헛간에 쌓아 놓았던 양파를 망 자루에 담아 차에 싣는 것을 도와주었다. 집을 나설 때에는 헝클어진 머리를 매만지며 운전석 옆에 점심 도시락을 놓아주었다.

힘이 빠지고 서글프다. 점심 먹을 생각도 없다. 강아지 한 마리가 차 앞을 힐끔거리며 지나간다. '오이, 깻잎 2천 원, 마늘, 양파 5천 원', 소리가 삼륜차 뒤로 지난다. 결핍은 결코 채워지지 않는 것이 삶이라는 듯 확성기 소리는 공허한 하늘로 사라진다.

구급차가 '삐뽀 삐뽀' 비상불빛을 휘두르며 응급실 쪽으로 달려간다. 도와 달라고, 살려 달라고 아우성치는 소리 같다. 사이렌 여신의 노래 소리에 사로잡히면 의지와 관계없이 여신 쪽으로 이끌려 간다는데, 구급차 속의 사람은 어디로 끌려가는 것인가? 현세에 남아 있을 수 있을 것인가, 천당이나 지옥으로 빨려 올라가거나 내려갈 것인가?

병실을 회진하고 연구실로 돌아오던 중이다. 환자 보호자가 병실 모퉁이에 숨어서 빵을 싼 비닐 포장지를 뜯는다. 늦은 아침을 때우려는 모양이다. 바스락 소리를 듣는 순간 삶이 무서워진다. 저 행위는 그녀의 가슴에 어떤 잔상을 남길 것이며 뇌에 어떤 기억은 각인할 것인가. 저 서러운 삶의 소리는 자신에게, 그리고 자식들에게 어떻게 전해지고 어떤 각오와 결심을 만들어 낼 것인가?

병원 식당에서 점심식사를 마치고 나오던 길이다. 아주머니 둘이 머리에 알루미늄 함지박을 이고 간다. 구 건물을 새롭게 꾸미는 공사에 일하는 인부들의 점심을 먹은 빈 그릇들인 모양이다. 걸음을 옮길 적마다 소리가 난다. 사기그릇들의 소리는 아니다. 고급스러움은 이미 그들의 삶에서 사라진 지가 한참이다. 부딪쳐도 깨지지 않을 알루미늄 그릇들의 소리, 그녀들의 말소리처럼 교양 없는 듯한 소리지만 가식을 씌우지 않은 속살을 내놓고 부딪치는 소리이며 맨몸으로 부딪치며 내는 삶의 소리다.

동대구역 지하철 출구를 나선다. 몇몇 사람들이 쉼터에 모여 있다. 의자에 앉아 멍하고 먼 곳을 바라보는 사람들도 있고, 바지춤에 두 손을 집어넣고 한 발로 땅을 쓸며 무료함을 달래는 자들도 있다. 갑자기 두 사람이 의자에서 일어나 멱살을 잡는다. “이 새끼.” “이 새끼가?” 문득 서글퍼진다. 집 잃고 가족 잃고 밤이면 서로를 끌어안고 체온으로 각자의 몸을 덥혀야 살아갈 수 있는 삶일 텐데, 그 속에도 남의 것을 탐하고 내 것을 뺏겨서는 안 되는 무엇이 있는 모양이다.

어릴 적 들었던 삶의 소리들을 떠올려 본다. 엇비스듬하게 비쳐대는 아침 햇살을 받으며 아버지가 지게에 쟁기를 지고 논이나 밭으로 일하러 소를 몰고 나갈 때의 워낭소리, 오월의 나른한 햇빛 속에서 벼를 심으려고 논을 갈고 써레질을 하면서 질러대던 ‘이랴.’ ‘워워.’ 허풍스럽게 소를 다그치던 소리, 밭에서 베어 온 보릿단을 나무 절구통에 메쳐서 타작하던 소리, 콩을 베어 말렸다가 마당에 늘어놓고 도리깨로 두드려 털던 소리, 벼를 베어 우마차에 싣고 소를 몰고 오던 소리, 베어 온 벼를 타작기에 넣고 털던 소리…….

지금 그런 일차적 삶의 소리는 시멘트 긁는 소리, 삼륜차 확성기 소리, 구급차 사이렌 소리, 굶은 배를 채우는 빵 껍질 뜯는 소리, 싸구려 음식그릇 부딪치는 소리, 노숙자 싸우는 소리로 바뀌었다. 사회가 발달하면서 낭만의 소리는 절박한 숨 고르는 소리로 변질된 것이다. 어찌 일차적 삶의 소리를 듣고 살던 그때가 지금의 시대보다 못하다고 할 수 있겠는가!

시간이라는 바다

쾌속정이 시간이라는 푸른 바다를 가로질러 달리고 있는 것을 보았어. 안에는 젊은 남녀가 타고 있더군. 무슨 의미인지도 모른 채 쾌속정은 꽁무니에 자국을 만들고 있었어. 쾌속정 바로 뒤로는 그 흔적이 선명했는데, 물결도 거품을 만들면서 주위를 뒤흔들고 있었는데, 눈 깜짝할 사이에 흔적도 물결도 사라지더군. 그리고는 다시 푸른 바다야. 흔적은 잠시 있다가 사라진 거야.

저 쾌속정 안의 젊은이들은 알까? 그들이 지금 만들고 있는 흔적이라는 것이 시간의 바다에서는 순간적으로 존재하다가 사라진다는 것을. 그들이 아무리 정신없이 온몸을 불태워 그것을 만들더라도 그 흔적은 잠시 존재하다가 순간 사라진다는 것을. 잠깐 동안 소용

돌이치다가, 잠깐 동안 거품을 만들다가, 잠깐 동안 파문의 물결을 만들다가, 그리고는 아무도 모르게 스르르 사라진다는 것을. 흔적 없이 시간이라는 거대한 괴물 속으로 흡입되어 사라진다는 것을.

시간이라는 바다가 우리를 잡아먹고 있어. 정말로 흔적도 없이 말이야. 그 입은 하도 커서 아무거나 가리는 것 없이 먹어치워. 소화기능은? 다 녹이지. 명예도, 부도, 그리고 존재라는 실체도 모두 소화시켜. 무슨 소화효소가 나오는지 한번도 소화불량으로 고통받는 모습을 보지 못했어. 모두 삼키는 거야. 인간뿐만 아니고 모든 것을 말이야. 한 가지 못 소화시키는 것? 그것은 영혼이 아닐까? 그래서 때때로 바다로 흘러들어가는 강의 입구에 세워진 화장터의 굴뚝에서, 어떤 때는 제사상의 향불에서, 영혼은 연기가 되어 하늘로 날아오르지.

그래서 시간이라는 바다에는 영혼이 없는 것일까? 모두 저 높은 곳으로 피어올라 사라진 것일까? 육체의 숨길이 닿는 순간, 가슴의 고동을 멈추는 순간, 고통의 의식儀式을 치르는 동안, 영혼은 뇌간腦幹의 저 깊은 곳에서 솟아올라 두개골의 암벽을 뚫고 날아가 사라지는 것일까? 촛불의 흔들림에 몸을 싣고, 향불의 연기를 안내자로 삼아 흐느적흐느적 강물이 바다에 몸을 섞는 순간 분리되어 날아가는 것인가?

그래서 모든 종교의 상징이 자꾸만 높아지려 하는가? 성당 건물의 탑이, 교회 건물의 십자가가, 회교도 사원의 미나레가, 절이, 무속인의 동굴이, 하늘로 날아오르는 영혼을 잡으려고 그렇게 자꾸만 높아가고, 산속의 높은 곳으로 옮겨가고 있는 것일까? 육체를 떠난 영혼은 기어오르는 거야. 마지막 온 힘을 다하여 한 발짝 두 발짝 성당의 탑을, 교회의 십자가를, 회교도 사원의 미나레를, 산속의 길을, 그렇게 오르는 거야. 절연의 아픔과 고행의 외로움을 겪으면서 혼신의 힘을 다한 후에야 비로소 승천의 기회를 잡는 거야.

인간들은 알게 된 거야. 시간의 바다에는 영혼이 없다는 것을. 그저 껍데기와 잡동사니만 쌓였다가 사라진다는 것을. 그래서 인간들은 강이 바다로 들어가는 길목으로 다가가는 거야. 날아오르는 영혼을 찾아 코를 벌름거리며 따라가는 거야. 목을 벌려 찬송가를 고함치며, 손을 벌렸다 마주 모으고 기도를 하며, 나무를 집어 목탁을 치며, 한들거리는 촛불로 어둠의 동굴 속을 휘저으며 영혼을 찾아가는 거야. 저 높은 곳을 향하여, 저 질곡의 강에서 피어오르는 혼돈의 아우성에 정신을 놓은 채 흡입되어 흔들리며 끝없이 소리치고 중얼거리며 따라가는 거야.

삶의 흔적은 무엇인가? 시간의 바다에 잠깐 조그만 파문을 만들다 사라지는 것은 아닌가? 혹시나 운이 좋으면 바닷가 해변에 밀려나온 하얀 조약돌로 남아 있다가, 떠오르는 태양의 붉은 햇빛에 반짝 빛을 내어 보는 것은 아닐까? 그래서 어떤 자는 인류에 공헌하는 법칙을 발견해 내고, 어떤 자는 아픈 자의 마음을 달래주는 음악을 만들어 내고, 그리고 또 어떤 자는 영혼을 빛나게 하는 시어詩語들을 만들어 내는 것은 아닌가.

그래서 사람들은 이야기하지. 맑은 바닷물 속에서 영혼을 꺼냈다고. 따뜻한 온기 때문에 강에서 미처 뛰어오르지 못하고, 보름달 내비치는 달빛의 영롱함에 정신을 잃고 흐르다가, 바닷속 깊은 곳까지 언뜻 흘러들어와 천년의 고뇌를 응집시켜 진주를 만드는 진주조개 옆에서 하염없이 앉아 있다가, 문득 시인이 던진 낚싯바늘에 걸려 몸을 솟구쳐 해변에 몸을 던져 시어가 되었다고.

낚싯바늘에 매달려 몸부림치는 시어들에서 떨어져 흩어지는 물방울들, 우산처럼 머리를 감싸고 몸을 감싸는, 햇빛에 부딪친 물방울들에서 뻗어 나오는 오색영롱한 환상의 빛들, 그 속에서 모습을 드러내는 영혼들, 그 영혼들을 잡으려고 정신없이 쫓아다니다가, 잠을 깨듯 문득 현실로 돌아오는 인간들. 그래도 포근해지는 가슴, 머릿속에 만들어지는 아릿한 멍울.

나는 시간의 바다에 흘러들어가는 강의 어구에 집터를 잡으리라. 마지막 남은 생애의 기간을 그 집터에서 보내리라. 그래서 시간이라는 바다에 빠지기 전 흘러나온 영혼들이 잠시 동안이라도 쉬어가며 차라도 한잔 마실 자리와 여유를 제공하리라. 아름답게 승천하는 그들을 위하여 한 잔의 따뜻한 차를 끓여 대접하리라. 그리고 운이 닿는다면 그들의 영혼이 날아오르며 남기고 가는 시어들을 긁어모아 하나의 아름다운 노래, 문장을 만들어보리라.

나무 혹

영동 물한계곡을 거쳐 삼도봉을 오를 때다. 몸통 전체가 혹으로 둘러싸인 나무를 본다. 혹을 만져보니 우둘투둘하고 그 위쪽 나무 부분은 고사되어 있다. 혹이 불쑥 튀어나온 모습이 아기를 뱃속에 품은 임산부의 모습과 비슷하다. 문득 어떤 환자가 떠오른다.

그녀는 밤에 머리가 깨질 것 같이 아팠다고 했다. 남편이 가져온 머리 CT 사진에는 암의 소견을 나타내는 커다란 덩어리가 오른쪽 뇌에 있었다. 그녀의 병실에 들어섰을 때 임신한 사실을 알았다. 배는 무척 불렀다. 임신 34주째라고 했다.

골치가 아팠다. 임산부인 어머니의 병을 고쳐야 하고, 아기가 무사히 태어나야 하며, 태어난 아기도 무사해야 한다. 산부인과, 소아청소년과, 마취과 교수의 협진을 요구했다. '아기는 건강하다. 아기의 폐가 성숙되어 있지 않다. 지금 아기가 태어나면 살릴 수가 없다. 약으로 아기 폐의 성숙을 촉진시킨다 하더라도 임신 37주는 넘어야 한다.'라는 의견이었다.

환자와 남편에게 협진 결과를 알려주고 치료계획에 대하여 상의했다. 결론은 '어머니와 아이를 모두 살리자. 아이의 폐가 성숙될 때까지 제왕절개수술을 지연시키자. 만약 어머니의 생명이 위독해지면 그때 다시 상의하자.'였다.

환자는 치료를 시작하자 며칠간 잘 지내다가 다시 머리가 아프다고 괴로워하기 시작했다. 뇌압을 낮추는 약을 한번씩 투여하면서 견디어나갔다.

임신 36주에 접어들자 두통의 강도는 더욱 심해졌다. 환자는 뜬 눈으로 밤을 새웠다. 이렇게 수술을 지연시키다가 환자도 사망시키고 아기도 잃는 것이 아닌가 하는 불길한 생각도 들었다. 의료사고라고 병원에서 소란을 피우는 광경도 떠올랐다. 환자 남편이 회진하던 중 병실 밖으로 따라 나오면서 이야기했다.

"교수님, 아기는 죽어도 좋으니 지금 수술해 주세요. 이제는 더 이상 아내가 괴로워하는 것을 볼 수가 없습니다."

반가웠다. 수술하면 환자가 갑자기 사망하는 일은 없을 것이다. 그녀가 갑자기 악화되지 않을까 하는 불안으로부터도 해방될 것이다. 얼마나 개운한 일인가! 지금 수술해서 아기를 탄생시킬 경우

아기가 생존할 수 있는지를 소아청소년과 교수에게 문의했다. 대답은 생존 불가능이었다. 다시 환자 방으로 갔다.

"상태가 지금 긴박합니다. 언제 갑자기 혼수에 빠질지 모릅니다. 그때 수술하면 환자도 사망하고 아기도 잃을 가능성이 많습니다. 지금 수술하면 어떨까요?"

"교수님, 지금 수술받으면 나도, 아기도 사는가요?"

"산모는 특별한 일이 발생하지 않는 한 괜찮을 것입니다. 그러나 아기는……. 조금 전 소아청소년과 교수의 의견을 들었습니다. 아직 아기의 폐가 미성숙 상태라 보육기에 넣어 키운다 해도 생존시키기가 힘들다고 합니다."

그녀는 한동안 눈물만 흘리고 말이 없더니 고개를 저었다.

"제가 죽으면 죽었지 아기는 죽도록 할 수가 없어요. 아기를 살릴 수 없다면 저는 절대로 수술을 받지 않겠습니다."

이불을 뒤집어쓰고 울었다. 물끄러미 그 모습을 보던 나는 남편한테 '안 되겠다.'는 뜻의 눈짓을 하고 병실을 나왔다.

그 후의 시간은 살얼음판을 걷는 듯한 시간들이었다. 부신피질호르몬과 뇌압 낮추는 약의 용량을 올렸다. 환자는 두통 때문에 거의 밤잠을 자지 못했다. 그녀를 시중드는 남편도 밤잠을 자지 못했다. 그렇게 아슬아슬한 2주를 넘긴 때였다. 소아청소년과 교수가 '아기가 지금 태어나도 살릴 수 있겠다.'는 통보를 해왔다.

신경외과와 산부인과 의사들이 동시에 수술을 시행했다. 우리는 머리를 열고 산부인과 의사들은 배를 열었다. 우리가 머리뼈를 채 들어올리기도 전에 산부인과 교수는 아이를 자궁에서 들어냈다. 아기가 온 수술실이 울리도록 큰 소리로 울었다. 머리 골편을 들어내고 경막을 열었다. 종양을 완벽하게 들어냈다. 조직검사상 악성종양으로 판정되었다.

수술 후 환자는 순조롭게 회복되었다. 아이도 보육기에서 건강하게 잘 자라다가 아버지의 팔에 안겨 엄마와 함께 퇴원하였다. 환자는 그 후 방사선 치료를 받았고 약 2년간은 별 문제없이 생활했다. 그러다가 종양이 재발해서 다시 치료를 시행했지만 결국 사망했다.

그녀가 사망한 지 2개월쯤이 지났을 때 남편이 보험회사 제출용 진단서를 발부받으러 외래 진료실에 왔다. 진단서를 발부해주면서 물었다.

"보험금은 아기를 위해서 쓸 겁니까?"

"그렇게 해야죠. 어미도 없는 아인데……."

남편이 쓸쓸하게 웃으면서 대답했다.

혹을 가진 나무에 그녀의 모습이 겹친다. 아기를 살리고 자기 목숨은 버린 그녀와 혹 속에 벌레들을 감싸 안고 말라 죽은 나무의 모습이 유사하게 보인다. 그녀가 죽으면서 남긴 얼마 안 되는 보험금과 나무 혹을 삶아 먹으면 암 환자의 면역기능을 항진시킨다는 속설이 연관되어 떠오른다. 쓸쓸하게 진찰실을 나가던 남편의 뒷모습이 눈앞에 어른거린다.

물소리

귀가 잘 안 들린다. 전화기를 들고는 몇 번 되묻는다. 어떤 때는 주위 사람들한테 민망할 정도로 크게 다시 묻는다. 음악을 듣거나 텔레비전을 시청할 때도 음의 양을 마음껏 올려놓고 듣는다. 아내가 불평을 한다. 음악 소리도 텔레비전 소리도 왜 그리 크냐고. 문득 귀를 먹어가는 것이 아닌가, 아름다운 소리들을 잃어버리는 것은 아닌가 걱정된다. 새소리, 바람소리, 물소리……. 물소리가 듣고 싶다.

고향집 옆으로 개울이 있었다. 비가 억수같이 쏟아지는 날, 흙탕물로 꽉 채워지곤 했다. 어릴적 사랑방 마루에서 물이 개울둑을 넘어 집 쪽으로 몰려오지 않을까 가슴을 졸이면서 바라본 적도 있다.

홍수 나는 악몽에 한밤중 잠이 깨어 옆에 누워계신 아버지의 존재를 확인하고서야 다시 잠이 들기도 했다. 그 콸콸거리던 소리는, 내 삶에 아버지의 존재가 얼마나 중요한 보호막이 되는지를 깨닫게 한 소리이기도 했다.

비 온 다음날 아침 동쪽 산등성이 위로 뻗쳐 나오는 햇빛 때문에 잠깐 동안 눈앞이 캄캄해진 경험도 있다. 유리 조각이 도랑의 모래 바닥에 박혀 있기라도 하면 햇빛의 반사광인 무지갯빛이 섬광처럼 눈앞에 왔다 가기도 했다. 지렁이를 닮은 꾸불꾸불한 물길을 한참 바라보고 있으면, 비가 오려고 하는 날, 두 살배기 손자나 손녀가 입에 거품을 만들며 내는 소리와 비슷한, 의미가 분명치 않은 뽀글거리는 소리를 듣기도 했다. 그것은 모래 바닥에서 가느다란 관을 통해서 솟아오르는 물길의 소리였다.

강변 모래바닥에서 놀다가 저녁 늦게 논길을 따라 집으로 돌아오면서 듣던 소리, 수리조합 물이 시멘트로 만든 수로를 따라 흐르면서 내던 소리, 길게 자란 풀들 때문에 수로는 보이지 않고 풀벌레 소리에 섞여 어둠 속에서 쪼르륵, 쪼르륵 들리던 소리, 그것은 자식들이 보는 앞에서는 아버지에 대한 불만의 소리를 내뱉지 못하고, 모퉁이나 방에 숨어서 두런거리던 어머니의 잔소리와 비슷했다. "쪼르륵, 쪼르륵" 몇 번 들리다가 잠깐 동안 조용하고 그리고는 다시 반복되던 소리, 한 번의 중얼거림으로 끝나지 않고, 생각하면 새로운 원망거리가 생각나고, 또 다시 생각하면 또 새로운 불만거리가 튀어나와, 얼마간의 간격을 두고 끊임없이 내뱉던 아버지에 대한 어머니의 한없는 원망소리와도 같았다.

여름에 지리산 쌍계사를 방문한 때가 있었다. 폭우가 쏟아졌다. 계곡 밑에서 민박을 했다. "콸콸콸," 천둥이 치는 듯, 산을 가르는 듯, 물은 밤새 고함을 질렀다. 다음날 아침, 계곡은 물로 가득 찼고, 뒤틀며 굽이치는 물살은 보기에도 무서울 지경이었다. 한동안 가만히 앉아 있었다. 소용돌이치고 몸을 비트는 물살만 바라보았다. 문득 물소리가 없어졌다. 학생들과 축제를 하면서 고함치던 소리, 논문을 발표하고 청중들로부터 듣던 박수 소리, 두 소리가 희게 부풀어 오르는 거품처럼 엉키더니 멍한 상태가 되었다. 가슴에는 눈물이 흘렀다. 젊음의 한때가 소용돌이치며 흘러갔다는 아쉬움이 울컥 마음속에서 솟아올랐다.

친구 따라 태백산을 오르던 때였다. 비가 왔다. 장수봉 천지단을 거쳐 문수봉으로 내려오던 중 비는 계속되었다. 산 위에서의 비는 떨어지자마자 밑으로 흘러내렸다. 얼마나 왔는지 가늠이 되지 않았다. 하산할 때 우리는 홍수가 얼마나 무서운지를 실감했다. 계곡을 꽉 채운 물은 무서운 속력으로 흘러 내려갔다. 커다란 고목도 안고 가고 바위도 굴리면서 달렸다. 아연 실색했다. 죽을지도 모른다는 생각도 들었다. 등산에 조예가 깊은 친구의 면밀한 인도로 산등성이만 타고 무사히 내려왔다. 그때 들었던 삶을 위협하던 물소리는, 빚 때문에 잠을 이루지 못하고 어둠 속에서 담뱃불만 빼끔거리며 내던, 아버지가 혹시 폐병에 걸린 것은 아닐까 할 만큼 심한 기침소리처럼, 나한테 불안감을 심어주기도 했다.

늦가을, 금호강 강변에서 듣던 쓸쓸한 강물 소리. 들리는 듯 안 들리는 듯 아련한 소리. 그 소리처럼 흔적 없이 사라진 청춘과 젊음의 모습들. 가을바람에 흔들리는 나뭇가지들, 강물로 떨어지는 낙엽, 물끄러미 강물 속을 들여다보면 물속에 잠긴 파란 하늘과 그곳에 그어진 비행기의 흔적인 하얀 연기의 선. 가을바람이 한 번 더 강물 표면을 훑으면 선은 흔적 없이 사라지고, 장년의 날도 이제 끝을 맺어야 한다는, 들릴 듯 말 듯한 강물의 소리만 들렸다.

겨울이 오고 강이 얼면 아무 소리도 들리지 않았다. 밤에 기온이 더 내려가면 제 몸의 크기를 조절 못하던 얼음이 서로 몸을 부딪치며 깨지는 소리를 냈다. 쩡, 한밤에 들리는 그 소리는 혼자 사는 노인이 불기가 끊긴 추운 방에서 웅크리고 잠을 자다가 숨이 차서 내뱉는 가래침 소리를 닮았다. 이제 가야 한다고, 자식새끼 필요 없다고, 먼저 간 남편이 혹은 아내가 그리워 미치겠다고, 컹컹 울어대는 개 소리처럼, 독거노인이 가슴속으로 울어대는 소리 같았다. 그렇지만 그런 을씨년스런 소리도 곧 끝날 것이다. 시간은 모든 것을 변화시킨다. 버들강아지가 눈을 트는 이른 봄이면 얼음이 엉겨 붙은 나뭇가지 사이로 물이 졸졸졸 흘러내리는 소리를 들을 수 있을 것이다. 한 바퀴 윤회가 끝나고 다시 한 바퀴의 시작점이 되는 것이다.

의사의 행복

일주일에 두 번 보는 외래는 바쁘다. 수술받고 퇴원했던 환자들을 다시 보면서 처방을 내고 새로 찾아 온 신환들을 봐야 한다. 그러다 보면 오후 내내 바쁘다. 정신없이 설쳐야 한다. 그렇게 외래를 보고 있던 중에 한 환자가 진료실 책상 앞에 앉는다. 컴퓨터 화면에 환자의 이름, 진찰권번호, 성별, 나이, 진단, 수술일 등이 나타난다. 박○○? 컴퓨터 화면에서 눈을 들어 환자를 본다.

"선생님, 저를 기억하시겠습니까?"

그녀가 바라보고 있다. 박○○, 그렇지, 기억하고말고.

그녀는 곱사등이다. 등이 굽어 바로 눕기가 힘들다. 그녀가 처음 병원에 오던 때가 기억난다. 10년 전, 그녀의 나이 38세 때였다.

갑자기 머리가 아파서 다른 병원에서 CT를 찍었다고 했다. 뇌하수체종양이라는 진단과 함께 나한테 가보라고 해서 왔다고 했다. 가지고 온 CT 사진을 뷰 박스에 걸었다. 종양 내에 출혈이 일어난 뇌하수체선종이었다.

간단한 시야 및 시력검사를 시행하니 왼쪽 상방의 시야 일부에 장애가 있었다. 다행히 시력은 괜찮았다. 결혼은 10년 전에 했으나 아기가 없다고 했다. 무월경 여부를 물으니 월경은 3년 전부터 불순이 지속되다가 1년여 전부터는 없어졌다고 했다. "오래전에 월경이 없어졌는데 왜 이제야 병원에 왔느냐."고 물었더니 폐경이 되는 줄 알았다고 대답했다. 뇌하수체호르몬 검사와 뇌하수체 주위[鞍上] MRI를 시행했다. 유즙분비 호르몬이 무척 상승되어 있었고, MRI상에는 큰 뇌하수체종양이 시신경 교차부를 들어올리고 있으며 종양 내에는 괴사로 출혈을 일으킨 소견이 있었다. 병에 대한 설명을 하는 동안 환자는 눈물을 흘렸다. 치료 방법을 설명하는 동안 멍한 눈으로 내 얼굴을 쳐다보기도 했다. 마지막으로 그녀가 치료하면 아이를 가질 수 있느냐고 물었다. 힘들 것이라고 대답했다. 그녀는 떨리는 손으로 입원장을 들고 진료실을 나갔다. 그녀의 등이 한층 더 심하게 솟아 오른 듯했고 허리가 더 깊이 굽은 듯이 보였다.

코를 통한 접형동 경유 수술방법을 계획했다. 수술은 쉬워 보이지가 않았다. 수술을 하려면 환자가 바로 누워 있어야 하는데 등이 튀어 올라 바로 눕기가 불가능했다. 목이 짧아 기관 삽입도 힘들어

보였다. 마취과에서 전신마취를 해줄지도 의문이 되었다. 고민했다. 수술을 포기하고 방사선치료와 약으로 치료할까 하는 생각도 여러 번 했다. 무리하게 환자를 수술하다가 잘못되어 환자 보호자들에게 시달리는 내 모습도 머릿속에서 끊임없이 돌아다녔다.

어떻게 할까? 수술을 포기할까? 강행할까?

한참 고민스러울 때는 환자를 나한테 의뢰한 의사가 원망스럽기까지 했다. '나 말고 다른 병원의 의사한테 보내지 왜 나한테 보내서 이렇게 고민하게 만들지?' 하는 푸념들이 목구멍 안에서 수십 번 가르랑거렸다. 그때마다 입원장을 들고 외래 진료실을 나가던 그녀의 뒷모습이 눈에 어른거렸다. 한층 높아만 보이던 등과 깊게 굽어지는 허리가.

어떻게든 수술을 시행할 수 있는 방법을 찾아보기로 했다. 일단 수술실을 점검하기로 하고 수술대를 이리저리 살폈다. 환자가 누울 수술대 위의 양측에 베개를 정렬하여 늘어놓고 그 위에 내가 누웠다. 환자의 솟아오른 등이 베개 사이로 놓이는 상상을 하면서 수술이 가능한지 여부를 타진해 보았다. 어쩌면 가능한 것처럼 보이기도 했다. 수술은 그렇게 시도해 보기로 결정했다. 다음 문제는 마취였다. 등이 튀어나오고 목이 짧은데 기관 삽입관을 넣고 전신마취가 가능할는지 여부가 걱정스러웠다. 마취과 교수와 상의했다. 그리고는 같이 환자를 점검했다.

마취과 교수가 처음에는 머리를 흔들었다. 기관 삽입이 불가능하니 기관절개를 하여 수술을 하라고 요구했다. 사정했다. 아직 젊은 여자인데 목에 상처내기가 마음에 걸린다고 떼를 썼다. 결국 마취과 교수는 반승낙했다. 기관 삽입을 시도하고 불가능하면 기관절개를 하는 것으로 타협했다.

수술날 나도 마취과 교수도 긴장했다. 마취하기가 힘들고, 사고가 발생할 위험성이 있다는 점을 여러 번 환자와 보호자에게 설명했지만, 마취과 교수의 얼굴은 굳어 있었다. 내 손에서도 땀이 축축이 묻어나왔다. 베개를 마취대 위 양측에 배열한 다음 환자가 위로 올라가 바로 눕도록 했다. 다행히 환자의 등이 양측의 베개에 얹혀져 곱사등으로 튀어나온 등 부위는 수술대에 닿지 않았다. 수술이 가능하겠다고 판단하고 마취를 시작해도 좋다는 신호를 줬다. 기관절개까지 준비한 상태에서 마취가 시작되었다. 수면제와 근육이완제가 정맥 내로 주입되었다. 마취과 교수가 고개를 잔뜩 숙여 기관 삽입관을 기관 내로 밀어 넣었다. 다른 마취과 의사가 기관 삽입관이 정확히 기관 내로 들어온 것을 확인해줬다. 마취과 교수의 얼굴에 화색이 돌며 입가에 웃음기가 감돌았다. 이마의 땀이 형광등 불빛에 반짝하고 빛났다. 환자의 자세가 약간 불편함을 주었지만 수술은 무사히 끝났다. 환자는 잘 회복되었고 3주일 있다가 퇴원하였다. 그 후 한두 번 외래를 내원하였다가 10년이 지난 후인 지금 다시 찾아 온 것이다.

"저 아기 낳았어요. 수술받고 5년 있다가 아기를 낳은 것입니다.

아기 키우느라고 바빠서 병원에 오지 못했습니다. 선생님, 정말 고마워요."

그녀는 눈물을 흘렸다. 마흔셋에 아기를 낳았다고 했다. 아기를 낳고 나서 삶의 끈이 튼튼해지더란다. 아기를 볼 때마다 삶의 가닥이 한 가닥씩 늘어나더란다. 아기가 없을 때는 자기의 기형인 모습과 남편과 시댁의 무관심 때문에 죽고 싶은 생각도 여러 번 했었다고 했다. 가장 참기 힘들었던 것은 결혼할 때 시댁의 반대에도 꿋꿋하게 버티면서 결혼해 주었던 남편의 등받이가 어느 날 자꾸 흔들거리는 것이 느껴질 때였다고 했다. 아기가 생기니 남편의 등이 다시 굳어지고 자기가 기대도 전혀 요동을 하지 않게 되었다고 했다.

종양 재발 여부를 알아보고자 뇌하수체호르몬 검사와 MRI 사진을 찍도록 한다. 진료실을 나가는 그녀의 등을 물끄러미 바라본다. 무거운 삶의 짐처럼 등에 붙어있던 혹 덩어리가 무척 줄어든 듯 보이기도 한다. 자꾸만 굽어지던 그녀의 등이 한결 곧게 펴진 듯한 기분도 든다. 혼자만의 기분에 취해 그렇게 보이는지도 모르지만 확실히 곱사등이 같은 모습은 무척 좋아진 것처럼 보인다.

다음 환자를 보려고 진료 책상 위 컴퓨터 자판을 바라본다. 순간 자판 옆 책상 위에서 무엇인가 형광등 불빛에 반짝거린다. 손으로 닦으니 물기다. 그녀의 얼굴에 흐르던 눈물이 몇 방울 책상 위에 떨어진 듯하다.

인간 자라

지하철을 내리는 할머니를 본다. 등에는 한 짐 가득 플라스틱 통들을 보자기로 싸서 지고 있다. 뒤에도 역시 많은 플라스틱 통들을 보자기로 싸고 끈으로 묶어 끌고 간다. 한쪽 손은 조그만 막대 지팡이를 짚고 있다. 허리가 굽은 할머니의 얼굴이 등짐에 가려 보이지 않는다. 등에 진 짐이 자라의 등딱지처럼 보인다. 할머니의 얼굴과 목이 등딱지와 배딱지 사이로 집어넣어 보이지 않는 자라의 머리와 목 같다. 뒤에 끌고 가는 짐은 자라의 꼬리처럼 보인다. 짚고 가는 지팡이는 엉금엉금 기어가는 자라 발처럼 땅에 끌려간다.

보자기 사이로 드러난, 할머니가 지고 가는 플라스틱 짐은 동그란 구멍에 음료수 병이나 술병을 꽂아 나르는 플라스틱 용기다. 자라가 목을 빼서 주위를 한 번씩 둘러보고 기어가듯 할머니도 한 번씩 등짐 밖으로 목을 빼어 주위를 둘러보곤 걸음을 옮긴다. 자라가 어기적어기적 기어가듯 할머니도 어기적어기적 걸어간다. 자라가 늪의 물 위로 솟아오른 바위 위를 오르다가 포기하듯이 할머니도 지하철 역 돌계단에 한 발을 올려놓다가 오르기를 포기하고 에스컬레이터를 탄다. 등에 큰 짐을 지고 에스컬레이터를 타고 오르는 모습이 바다의 큰 파도를 타고 두둥실 휩쓸려 멀리 바다로 떠나가는 자라같이 보이기도 한다.

할머니의 플라스틱 짐들의 무게는 단순한 통들만의 무게는 아닐 것이다. 병들이 들어가도록 만든 동그란 빈 공간에는 천 근보다 더 무거운 삶의 하중이 가득 채워져 있을 것이다. 출근하는 이른 아침에 몇 푼 안 되는 저 짐들을 지고 끌어야 하는 고행苦行은 열반의 고급스런 꿈을 꾸며 자학하는 구도求道의 길 떠남은 아닐 것이다. 짐 속에 감추어진 할머니의 머릿속에는 앞가림 못하는 자식에 대한 슬픔, 혹은 짐들을 판 돈으로 손자 손녀들에게 용돈을 주었을 때 그들이 기뻐하는 모습을 상상하는 즐거움 등이 들어 있을지도 모른다.

짐을 지고 가는 인간 자라인 할머니는 지금 어디로 가고 있는 중일까? 자라의 대부분은 하천이나 호수, 늪에 서식한다고 아는데 할머니는 왜 겁도 없이 바다 같은 넓은 세상 속으로 어기적거리며 발을 들여놓는가? 자라는 알을 낳을 때를 빼고는 거의 물 밖으로 나오지 않는다는데 할머니는 겁도 없이 왜 저 거친 파도 같은 에스컬레이터를 타고 지상으로 올라오고 있는가?

문득 금강 강가에서 매운탕집을 하던 할머니가 떠오른다. 영동에서 옥천으로 가는 국도 옆, 굽은 국도가 금강에 접해 있던 곳의 음식점이었다. 고향을 찾아갈 때면 그곳에 들러 쏘가리매운탕을 즐겼다. 그때 우리 가족을 맞아주던 분은 〈멋 자랑 맛 자랑〉이란 방송에 한복을 곱게 입고 '용봉탕'의 요리 솜씨를 자랑하던 할머니였다. 자라와 닭, 그리고 쇠고기, 전복, 잣, 참기름, 표고버섯 등을 섞어 푹 고았다는 보혈補血음식, 나는 한 번도 그것을 먹어보지는 않았지만 할머니의 자부심과 용봉탕에 대한 설명서를 읽고 그 효능을 의심한 적이 없었다.

어느 때부터인가 굽은 국도가 직선화되어 차들은 더 이상 그 음식점 앞을 지나지 않게 되었다. 우리 가족도 그 매운탕집을 그대로 지나치곤 했다. 그러던 어느 날 문득 할머니가 생각나고 쏘가리매운탕의 맛이 그리워 그곳을 찾았다. 할머니 대신 젊은 부부가 우리를 맞이했다. 음식 메뉴에서도 '용봉탕'과 '쏘가리매운탕'의 이름은 사라졌고 대신에 '장어요리'와 '메기매운탕'의 이름이 적혀 있었다.

"쏘가리매운탕은 안 됩니까?"

"요즈음 쏘가리가 잡히지 않아요. 대신 메기매운탕을 합니다. 그것도 맛이 좋으니까 잡숴보세요."

"용봉탕도 안 합니까? 전에 계시던 할머니는 어디 가셨습니까?

보이지 않으시네요."

"어머님은 3년 전에 돌아가셨습니다. 아들인 제가 음식점을 물려받아 경영하고 있습니다. 국도가 직선화되어 손님이 줄어들자 어머니는 무척 마음 아파했습니다. 평생 몸 바쳐 경영하던 음식점이고 온 정성 다하여 준비하던 요리였는데……. 그렇게 어머니가 자부심을 가지고 계시던 용봉탕도 메뉴에서 뺐습니다. 요즈음 사람들이 자라가 들어간 음식을 먹습니까? 저희들도 용봉탕을 어머니만큼 잘 끓이지도 못하고……. 그래도 어떻게 합니까? 세상이 변하고 사람들 혀끝의 맛이 변하고 그리고 기호가 바뀌는데……." 우리는 결국 쏘가리매운탕 대신 메기매운탕을 먹었다. 다시는 그 음식점을 찾지 않았다. 언젠가 그 음식점 근처의 직선화된 국도를 달리다가 도로 옆에 새로 생긴 큰 규모의 불고기집으로 점심을 먹으러 들어갔다. 주인은 매운탕집 할머니의 아들 내외였다.

금강 옆 매운탕집 할머니는 마지막 자기 자신을 끓여 용봉탕을 만들었는지도 모른다. 그 보혈로 아들 내외가 자본을 삼아 직선화된 도로 옆에 커다란 불고기 음식점을 내고 있는지도 모른다. 평생 자라를 요리하던 할머니는 결국 너무나 정성 들여 자라를 끓이고 자라요리에 혼을 불어 넣다가 자신이 자라가 되었을지도 모른다. 인간 자라로 말이다.

지하철역에서 에스컬레이터를 타고 지상으로 올라와 인파 속으로 사라진 할머니도 지금 자기 몸을 끓여 용봉탕을 만드는 인간 자라일 수도 있다. 등 굽은 몸을 끓여 얼마 되지 않는 피와 살이라도 후손들에게 주고자 엉금엉금 기어가다 어디론가 사라졌을 것이다. 인간 자라, 그 숭고한 영물들은 오늘도 세상 늪 어디엔가 숨어 희생의 본을 보여주고 있을 것이다. 우리가 두리번거리며 이곳저곳 찾아보면 쉽게 찾아지는 그런 깊지 않은 늪에 숨어들 있을 것이다.

지게와 가장家長

정지용 시인의 생가를 방문한 날이다. 헛간에 세워놓은 지게를 본다. 전시용으로 만들어 놓은 모형의 지게다. 방문객들은 시인의 사진과 액자 속에 들어있는 시에는 많은 눈길을 주지만 헛간 한구석에 세워놓은 지게에는 눈길을 주지 않는다. 쓸모가 없어지면 눈길을 주지 않는 세태를 보는 것 같아 씁쓸하다. 한쪽 구석으로 밀쳐져 우두커니 앉아 있는 노인의 모습을 보는 것도 같다.

지게의 태생적 운명은 짊이다. 쌀과 같은 양식과 나무와 같은 연료를 평생 지고 나른다. 이것들은 삶에 꼭 필요한 물건들이다. 먹고 사는 데 필수 불가결한 것들이다. 어쩌면 지게의 삶은 한 가정을 평생 지고 살아가는 가장의 삶과도 무척 닮은 것 같다.

지게가 끈으로 짐을 묶어 지고 가듯이 가장도 가족들을 가정이란 끈으로 묶어 지고 간다. 지게 끈이 느슨하면 짐의 일부가 땅바닥으로 떨어지는 것과 같이 가장도 느슨하면 아이들이 탈선하는 경우가 있다. 짐이 떨어지지 않도록 지게 끈을 꽁꽁 묶듯이 가장도 가족이 탈선하지 않도록 엄격해야 한다. 지게가 짐이 버거울 때는 보조판의 도움을 얻는 것과 같이 가장도 어려울 때는 아내나 할머니, 할아버지의 도움을 얻는다. 아내는 두 손으로 짐을 받쳐주고 밀어줌으로써, 할머니나 할아버지는 포근한 가슴으로 가족들을 감싸 안아줌으로써, 가장이 가족들을 등에 지고 가는 것을 도와준다.

지게뿔은 무거운 짐을 받치고 있으나 고개를 숙이는 비굴함을 보이지 않는다. 고개를 빳빳이 하늘을 향해 세우고 발걸음의 율동에 따라 꿋꿋하게 살아가겠다는 다짐의 주먹질을 반복한다. 가장도 무거운 짐을 지고 가나 남한테 쉽게 고개를 숙이지 않는다. 떳떳한 삶을 열심히 살아가겠다는 다짐을 매일같이 하면서 가정을 이끌어 간다.

나무하러 뒷산을 오르면서 지게 목발을 장단에 맞춰 두드리는 소리는 어쩌면 한스런 넋두리의 한풀이 소리다. 태곳적부터 가슴에 응어리 져 숨어있는 한, 여인은 끝없는 출산과 노동의 한이, 남정네는 기름지지 못한 삶의 황무지에서 먹을 것을 찾아내야 하는 고달픔이, 장단에 맞춰, 울려나오는 소리에 섞여, 춤을 추며 하늘로 올라간다. 민초의 쓰디쓴 삶의 맛이 녹아 장단이 되고, 허리를 묶어 매는 굴레에서의 탈출에 대한 염원이 노랫말이 된다. 삶의 한과 일상에서의 탈출에 대한 염원이 지겟작대기의 장단에 맞춰 머리를 풀고 하늘하늘 춤을 추며 하늘로 오른다. 지게 목발이 한 번씩 지겟작대기로 맞을 때마다 삶의 고달픔은 허공으로 솟아 사라진다.

가장도 한번씩 가족이라는 짐이 너무나 무겁게 느껴질 때가 있다. 잠깐만이라도 무거운 짐을 벗어 던지고 일상에서 탈출하고 싶을 때가 있다. 쓰디쓴 술이 그 욕망을 풀어준다. 정신없이 마시고 노래방으로 간다. 지겟작대기로 지게 목발을 치듯 딸랑이로 허벅지를 친다. 삶의 고달픔과 가족의 중압감이 미칠 듯 소리치는 노랫가락에 섞여 탁한 방 안 공기를 타고 밖으로 사라진다. 딸랑이가 허벅지를 한번씩 칠 때마다 삶의 고달픔은 희미한 노래방 안의 조명 속으로 사라진다.

지게를 만들기 위하여 잘려나온 나무는 가슴을 파내는 아픔을 겪은 후 세장의 끼움을 받아들인다. 탕개의 무자비한 조임도 견딘다. 인고의 세월을 지내야 단단히 엮인다는 진리를 배운다. 세장에 약간은 푹신한 짚으로 짠 등받이가 대어진다. 질빵이 중간 세장에서 지겟다리로 매인다. 질빵을 어깨에 걸고 짐을 지고 가는 동안 힘들면 한번씩 지겟작대기로 윗세장을 받치도록 하고 숨을 고르기도 한다. 언덕배기를 오른 후에는 매번하는 휴식이다. '후유.' 한숨을 쉬면서 흐르는 땀을 씻고 걸어온 길을 뒤돌아보기도 한다. 앞으로 걸어갈 길도 가늠해 본다. 온 길도 아득해 보이지만 갈 길도 까마득하다. 한숨을 한 번 더 내뿜고 다시 지게를 지고 일어선다. 앞길이 아무리 아득하게 보여도 걸어가야 할 길이다. 수건 하나 목에 걸고 땅만 보고 걸어간다.

가장은 결혼한 첫날밤의 아내를 떠올린다. 첫 경험의 아픔을 참고 이를 악물던 아내의 표정을 기억한다. 세장의 끼움을 아픔으로 받아들인다고 생각한다. 출산의 아픔으로 옆에 서 있던 자기의 옷깃을 움켜쥐던 아내의 파리한 손의 힘을 느낀다. 이후 탕개의 무자비한 조임 같은 삶의 조임을 견뎌가며 같이 가정을 지고 간다. 인고의 세월을 지내야 가정이 튼튼해진다는 진리를 어금니로 잘근잘근 씹으면서 살아간다. 아주 힘들어할 때는 자식이라는 놈이 작대기처럼 잠깐 삶의 하중을 받쳐주기도 한다. '후유.' 한숨을 쉬면서 비 오듯 쏟아지는 땀을 닦고 휴식을 즐긴다. 그리곤 다시 일어선다. 지겟작대기를 닮은 자식을 뒤따르게 하면서 말이다.

일행이 우르르 생가 밖으로 나선다. 멍하니 지게를 바라보는 나를 누가 툭 친다. 아내다. 염색한 아내의 머리털 밑으로 흰머리가 버섯처럼 솟아오르고 있다. 그것을 보고 나도 이제 짐을 벗어버릴 나이가 됨을 깨닫는다. 저 지게처럼 한동안 가장의 짐을 지고 인고의 세월을 보냈다는 상징으로만 서 있을 때가 다가오는 것이다. 그때는 누구도 나에게 눈길을 주지 않을 것이다. 고통 속에서도 진주처럼 빛나던 추억을 캐면서 그저 세월을 보내며 서 있을 것이다. 아주 조용히 저렇게 지게의 모습으로 말이다.

초분草墳

거실 책상 위에 낯선 것이 놓여 있다. 투명하고 작은 곽들이 꽉 들어찬 네모로 된 통이다. 각각의 곽 안에는 깨끗하게 마른 꽃송이들이 들어있다. 장미꽃, 개망초꽃, 찔레꽃, 이름을 알 수 없는 것도 있다. 모두가 말라서 몸의 부피를 줄여 다소곳이 들어 있다. 곽을 세어보니 가로로 여섯 개, 세로로 네 개, 모두 스물네 개다.

한참 동안 이것을 잊고 있었다. 어디에 박혀 있는지 관심도 없었다. 그런데 갑자기 책상 위에 모습을 드러냈다. 큰 통의 하단에는 '뇌동맥류 수술 이천 예를 축하드린다.'는 문구와 수술실이라고 적혀있다. 언제였던가? 뇌동맥류 수술을 마치고 수술실에서 나오던 날, 휴게실에 케이크와 음료수가 준비되고 간호사들이 이 선물을 주었다.

곽은 뇌동맥류 결찰 클립이 들어 있었던 것이다. 클립을 꺼내 수술에 사용하면 곽은 비게 된다. 간호사들이 그것에 말린 꽃송이를 하나하나 집어넣어 나에게 선물한 것이다. 어디에서 어떻게 피기 전의 꽃봉오리들을 채집하여 이렇게 다소곳한 모습으로 담아놓았는지 자못 감격스럽다.

반갑다. 이것이 아내의 손길에서 살아남은 것이 또한 신통하다. 아내도 여자인지라 여성이 나에게 주는 선물은 무척 싫어한다. 왜일까? 아내도 이것에 어떤 소중한 의미를 부여하고, 뇌동맥류 수술 이천 예라는 기록과 정성 들여 준비한 하나하나의 꽃송이들이 귀중하게 생각되었기 때문이 아닐까? 곽을 하나 들어내어 열고 냄새를 맡는다. 향기가 그만이다. 나도 죽은 뒤에 이런 향기를 뿜어낸다면 얼마나 좋겠는가!

그날, 학생들의 해부실습용으로 개업하고 있던 후배의 시신을 기증하겠다는 연락을 받았다. 충격적인 사망 소식이고 예상치 못한 제의라 한참 동안 멍한 상태로 있었다. 그는 의과대학 2년 후배이고 우리 병원에서 비뇨기과 수련을 받았다.

"유언장에 시신 기증 의사를 적었고 유족들이 동의했다고 합니다. 어떻게 할까요?"

직원이 보고했다. 해부실습용으로 시신을 받아들이는 일은 학장에게 보고하고 허가를 받는 사항은 아니다. 그가 의사이고 나와 친분 관계가 있는 것을 알기 때문에 특별히 허락을 받는 듯했다. 말없이 고개만 끄덕였다.

밖이 소란스러웠다. 그의 시신이 포르말린 용액통으로 옮겨지는 모양이었다. 그 광경을 차마 볼 수가 없었다. 해부실습용으로 시신을 기증할 때는 본인도 많은 고뇌를 하지만 보호자의 아픔도 그에 못지않다.

후배의 시신이 사용되는 동안 해부실습실을 방문하지 않았다. 몸의 해체로 얻어진 해부학적 지식이 학생들의 머릿속으로 녹아들어 가는 상상만 했다. 실습이 끝난 후 그의 몸이 비닐 덮개로 덮여 보관될 때는 한 번씩 그의 몸을 전공의 시절의 젊고 활기찬 모습으로 만들어 놓고 당직실에서 나란히 누워 자던 시절을 떠올리기도 했다.

해부실습이 끝나고 위령제를 지내는 날이었다. 나도 학장 임기가 끝나서 가벼운 마음으로 식에 참석했다. 검은 상복을 입은 학생들과 유족들이 자리를 잡고 엄숙하게 앉아 있었다. 강당의 연단에는 화장火葬한 후 봉안한 유골함이 이름 순서대로 안치되어 있었고 유골함 양측에는 향불이 조용히 타고 있었다.

목사님의 기도와 학생 대표와 학장이 영혼들에 대한 감사와 사후死後 안녕을 기원하는 축원문을 낭독했다. 유족석의 후배 가족을 보자 참을 수 없는 애틋한 감정이 가슴 밑바닥부터 솟아올랐다. 동안童顔의 그와 전공의 생활을 하면서 일의 힘듦을 호소하고, 어떤 때는 밤늦게까지 술을 마시다가 통행금지에 쫓기기도 하던 사이였다. 그런데 한 사람은 한 줌의 재로 변해서 조그만 유골함에 담겨 있고 나는 그의 유골함과 가족을 바라보면서 애틋함과 회한으로 눈가를 적시고 있지 않은가.

텔레비전에서 보았던 초분의 모습이 눈앞에 떠오른다. 비 오는 날 우의를 입은 젊은이가 이엉으로 싼 물체에 허리를 굽히면서 공손히 인사를 올렸다. 방송 관계자가 무엇이냐고 물으니 돌아가신 아버님이라고 대답했다. 자식이 배를 타고 먼 곳으로 고기잡이를 갔을 때 부모가 돌아가시면 그 시신을 당분간 초분에 모시고 있다가 자식이 돌아오면 정식으로 장례를 치르는 것이 섬의 풍습이라고 말했다.

그가 담겨있었던 포르말린 용기는 초분이고 그의 몸을 덮은 비닐 덮개는 시신을 싼 천처럼 생각된다. 깨끗하게 포르말린에 절여진 몸과 곱게 마른 꽃송이들, 그의 몸에서 나는 포르말린 냄새와 마른 꽃봉오리들에서 뿜어내는 향기……. 그의 몸은 산화되어 학생들에게 인체의 신비인 해부학적 지식을 알려주었고 곽 속의 꽃봉오리들은 향기를 뿜어 주위 사람들을 기쁘게 해주고 있다.

그의 시신에서 아름다운 향이 난다. 마치 곽 안의 꽃송이가 내뿜는 향기처럼.

녹유사천왕상綠釉四天王像

나이가 들수록 옛것들에 대한 애착이 깊어진다. 젊을 때 보이지 않던 아름다움이 그들 속에서 보이고 그것들을 다시 찾아내 향유하고 싶어진다. 토기도 그것들 중의 하나일 것이다. 그래서 신라요新羅窯를 찾는다. 한 조각가가 썰렁한 작업장에서 흙 판을 앞에 두고 작업을 하고 있다. 그에게 요窯를 보고 싶다고 말한다. 뒤꼍으로 가는 문을 말없이 가리킨다. 요를 둘러보는 동안 그가 뒤따라 나온다. 요에 대하여 묻는다. 잘 모른다고 대답한다. 사천왕사 녹유사천왕상을 복원하는 작업을 하려고 잠시 와 있기 때문이란다.

요를 둘러보고 그가 작업하던 곳으로 다시 돌아온다. 작업대 옆에는 여러 장의 사진들이 붙어있다. 조각조각 난 흙벽돌을 붙여서

험상궂은 상을 복원한 사진들이다. 물끄러미 바라보고 있으니 발굴된 녹유사천왕상 중 하나라고 설명해 준다. 이름이 생소해서 녹유사천왕상이 무엇이냐고 묻는다. 그가 작업장 입구의 포스터를 가리킨다. 경주박물관에서 사천왕사에 대한 특별전이 개최 중이라고 적혀 있다.

그가 담배를 피워 물으며 스트레스가 심하다고 한다. 모양도, 크기도, 두께도 원본과 똑같이 복원해야 한다고, 처음 만들 때의 혼魂을 알아야 하는 것이 중요하다고 한다. 지금 그것이 느껴지지 않는다고 초조해 한다. 유물들이 소실되어 복원되지 못한 부분은 창작하여 만들어 넣어야 한다고 한다. 그가 담배를 깊이 빨아들인다.

작업 중인 상은 광목천왕상이라고 한다. 바른쪽 다리 밑에는 한 악귀를, 왼쪽에는 다른 악귀를 깔고 앉아 있다. 왼쪽 다리는 굽혀 양반다리를 하고, 바른손으로는 긴 칼을 뽑아서 등 뒤로 비스듬히 하여 들고 눈은 왼쪽을 응시하고 있다. 사천왕상이 세 종류만 발굴된 것이 이상하다고 그가 말한다. 방향은 동 · 서 · 남 · 북 사방이고 탑의 면은 사면인데 어떻게 사천왕상이 세 종류만 발굴되었는지 미스터리라고 덧붙인다. 따라오라는 손짓을 하며 혼자 중얼거린다.

"신라요 주인이 알면 혼쭐이 나는데……."

들어간 방에는 구워낸 토기들로 가득하다. 여러 형태의 접시와 향로들이 있다. 방 중앙에 흰 천으로 덮어 놓은 물체가 있다. 그가 두려움에 떠는 듯한 몸짓을 하면서 조심스럽게 흰 천을 들친다. 흙

냄새가 물씬 난다. 아! 지국천왕. 왼손으로 세운 칼을 등 뒤로 들고 바른손으로는 무릎을 힘차게 누르며 두 악귀를 깔고 앉아서 오른편을 바라보고 있다. 아직 완전히 건조되지 않아서 젖은 흙의 색깔이 남아 있다. 건조되면 굽는다고 한다. 녹유의 유약을 바르고 요의 굴에 안치한 다음 천삼백 도의 열을 가한다고 한다.

그가 할 일은 여기까지라고 한다. 녹유를 바르고 요에서 굽는 일은 신라요 주인의 몫이라고 한다. 녹유는 납이 든 유약인데 천사백 년 전의 녹유와 똑같은 유약을 어떻게 만들 수 있을지, 만들어 놓은 지국천왕상에 그것을 어떻게 발라야 그때와 똑같은 조건으로 상을 구워낼 수 있을지, 자신은 모르겠다고 한숨을 쉰다. 그는 다시 작업장으로 돌아와서 중지했던 광목천왕상에 대한 작업을 시작한다. 코끝을 다듬고 입술 주위를 문지른다. 그러면서 말한다. 더 알고 싶으면 사천왕사 복원 학예사를 찾아보거나 사천왕사 특별전을 하는 박물관을 방문하라고.

박물관에서 사천왕사四天王寺 특별전을 관람한다. 사천왕사는 신라 문무왕 19년(679)에 창건되었으며, 부처님의 힘으로 당나라 군대들을 물리치고자 했던 문무왕, 문두루비법文豆婁秘法을 썼다는 명랑스님, 사천왕상을 만든 조각가 양지스님, 죽은 누이를 그리워하며 〈제망매가祭亡妹歌〉를 지은 월명스님, 그 밖의 수많은 사람들의 이야기가 서려 있다고 한다.

사천왕은 우주의 사방四方을 지켜주는 수호신이다. 동방 지국천持

國天, 서방 광목천廣目天, 남방 증장천增長天, 북방 다문천多聞天의 왕들이다. 발굴된 녹유사천왕상은 세 종류로 지국천왕은 오른쪽, 광목천왕은 왼쪽, 증장천왕은 정면을 보고 있다. 지국천왕과 광목천왕은 칼을 들고, 증장천왕은 한 손에 화살촉, 한 손에 활을 들고 있다. 북방왕인 다문천왕은 없다. 모든 왕들이 악귀들을 깔고 앉아 있다. 녹유사천왕상은 사천왕사의 좌우 양측 탑에 설치됐었다. 고려시대에는 여진을 물리치기 위하여 그 앞에서 주문呪文을 외우기도 했고, 조선시대에는 복福을 빌기도 했다. 같은 시대에 왜구의 침입을 물리치고자 건립한 감은사의 동서 쌍탑 속에도 사천왕상으로 장식된 금동 사리함들이 봉안되어 있었다.

결국 사천왕사와 감은사는 당군과 왜군 같은 외부의 침략으로부터 국가를 구하기 위하여 건립한 것이다. 사찰의 사천왕상들은 외부의 침략군을 제압하여 나라를 수호하는 수호신의 역할을 하도록 설치한 것이다. 두 사찰은 언제인지 모르게 사지寺地만 남겨놓고 흔적도 없이 사라졌다. 녹유사천왕상도 깨어지고 부서져서 땅에 묻히거나 자취를 감추었다. 그러다가 이제 땅에 묻힌 조각을 발굴하고 유실된 것을 찾아내어 옛날의 모습으로 복원하고 있는 것이다.

문득 복원이라는 말이 가슴에 와 닿는다. 녹유사천왕상을 복원하던 조각가의 파리한 얼굴과 깊이 빨아대던 담배연기도 떠오른다. 우리는 복원할 많은 것들을 가지고 있을 것이다. 과거 찬란한 예술에 대한 기술, 미풍양속에 대한 것들, 그리고 오순도순 서로 돕고 살아가던 생활형태도 복원하고 싶은 것들일 것이다. 더욱 복원해야 할 것은 선조들이 사천왕사나 감은사를 건립하고 수호신인 녹유사천왕상을 설치함으로써 나라를 지키고자 했던 애국정신일 것이다. 조각가인 그가 온 정성을 다하여 녹유사천왕상의 복원에 몰두하듯이 우리들도 나라를 지키고자 했던 선조들의 애국정신을 온 힘을 다하여 복원하여 후세들에게 전해주었으면 한다.

6

풍죽도風竹圖

풍죽도風竹圖

형님의 칠순 잔치를 갖는 한정식 집에 왔다. 아직 시간이 일러서인지 방안에는 기본적 음식이 차려진 음식상만 손님을 기다리고 있다. 겉옷을 벗어 벽에 걸려고 두리번거리니 한쪽 벽에 묵화墨畵 한 점이 보인다. 부러질지언정 휘지 않겠다는 듯이 꼿꼿한 자태로 휘몰아치는 바람에 꿋꿋이 견디고 있는 대나무 그림이다. 그림을 보자 불현듯 형님이 고향을 떠나 대도시로 나오게 된 사건이 아련히 떠오른다.

아버지는 한때 형님의 교육에 온 정성을 쏟아 부었다. 내가 이십 리 학굣길을 걸어 다녀도, 내 여동생들이 그렇게 중학교로 진학하고 싶어 안달을 해도, 아버지는 "자전거를 사 줄 돈이 어디 있어?,"

"여자들을 공부시키면 네 오빠를 어떻게 가르쳐."라고 말씀하시면서 눈 하나 깜짝하지 않으셨다.

그런데 문제가 생겼다. 초등학교까지는 그렇게 공부를 잘하시던 형님이 중학교 졸업 후 사범학교 입학시험을 실패하더니 고등학교 졸업 후에는 대학입학 시험까지 망쳤다. 믿음이 크면 실망도 큰 법, 정미소를 하시던 아버지는 대학입시 실패 후 군대를 갔다 온 형님에게 우마차를 몰고 방앗감을 실어 나르는 일을 시켰다.

오십여 년 전 1월의 어느 무척 추운 날로 기억된다. 갑자기 대문이 부서지는 듯한 요란한 소리가 들렸다. 놀라 방문을 여니 입술이 새파랗게 변한 형님이 대문을 밀치며 집안으로 들어서고 있었다. 형님의 방수복에서는 얼음 덩어리들이 버석거리며 쏟아졌고 물에 젖은 워커 구두에서는 삐거덕거리는 소리가 들렸으며 형님의 코에서는 황소가 내품는 듯한 콧김이 씩씩 흘러나왔다.

방안에서 바느질하시던 어머니가 놀라 급히 뛰쳐나와 울먹이면서 형님의 젖은 몸을 감싸면서 방으로 들어갔고, 한동안 울먹이던 형님은 사건의 전말을 띄엄띄엄 늘어놓았다. "방앗감을 우마차에 하나 가득 싣고 정미소로 오던 중 우마차가 기우뚱하면서 소와 함께 송정내에 쓰러졌어요. 물에 함빡 젖은 방앗감을 저 혼자 어떻게 할 수가 없어 이웃에게 이 사실을 아버지께 알려드리고 도와 달라는 말을 전하도록 부탁했어요. 그런데 한참 만에 돌아온 그 이웃은 그 일은 저 스스로 처리해야 한다.고 아버지가 말씀하시면서 꿈쩍도 않으시더라고 말했어요. 간신히 이웃의 도움으로 방앗감을 다시 우마차에 싣고 정미소에 오자 아버지는 '못난 놈'이라는 말 한마디만 저한테 쏘아붙이고 거들떠보지도 않으셨어요."라고 하소연했다.

그 일이 있은 후 형님은 고향을 떠날 수가 있었다. 이제는 아버지와 같이 살지 못하겠다고, 나도 살아갈 길을 찾아야겠다고, 얼음을 방수복에서 떨어뜨리면서 방앗간에 들어오던 형님을 냉정하게 바라보던 아버지의 눈길을 닮은 옹골찬 마음으로 형님은 아버지께 선언했다. 부모는 역시나 약했다. 그렇게 강철 같던 아버지도 형님과의 대결에서 견디지 못하고 정미소를 팔아 도시의 작은 집을 사서 형님을 분가시켰다.

옛일을 회상하는 동안 조카들이 모두 도착했고, 어머니도 고향의 여동생 내외가 모시고 와 함께 참석하셨다.

식사가 끝날 무렵이었다. 어머니가 내 곁으로 다가오시더니 제사에 대하여 말씀하신다. "큰자식 머리가 저렇게 허옇게 변할 때까지 살았으니 이제 한은 없다. 그렇지만 제사가 문제다. 네 형은 아들이 하나 있지만 그 장손은 딸밖에 없다. 네 형은 후대까지 자기가 알아서 제사를 잘 모시겠다고 하는데 어떻게 해야 할지 모르겠다."

실제로 아버지가 돌아가시기 2년 전쯤 제사 문제를 형님과 상의한 적이 있었던 모양이었다. 제사를 모신다는 조건으로 동산 너머 텃밭을 장조카에게 넘겨주기로 했고 아버지도 분명히 승낙한 상태였다고 한다. 다음날 아침 "장조카에게 오늘 텃밭 등기를 넘겨주러

가요." 하고 확인 차 아버지에게 말씀드리자 누워계시던 아버지가 갑자기 얼굴이 벌겋게 달아오르면서 "절대 안 돼."라고 말씀하셨다고 한다.

이제 잔치는 모두 끝났다. 형님이 마지막으로 말씀하신다. "자식 많으니 키우고 가르칠 때는 힘드셨어도 다 키우고 나니 이렇게 좋네요."

어머니를 부축하여 일으키는데 "저 벽에 걸린 것이 풍죽도風竹圖구나." 하고 말씀하신다.

"아이고, 어머니가 어떻게 풍죽도를 아세요?"

"얘가, 왜 몰라. 너의 외증조할아버지가 죽竹을 무척 잘 치셨어. 대를 칠 때면 어린 내가 곁에 붙어 앉아 먹을 갈았지. 생각난 김에 말해야겠다. 뒤꼍 대나무밭을 이제는 파내야겠다. 자꾸 텃밭으로 뿌리를 뻗어 그것들을 캐내는 것도 힘들지만, 더욱 안된 것은 한겨울, 사락사락 창호를 스치는 서걱거림은 자식새끼들 다 떠나보내고 영감까지 저세상으로 보낸 지금 정말로 참기가 힘들어."

"어머니, 그래도 대나무밭은 남겨 두세요. 집안에 고기가 없으면 사람 몸이 마르지만, 대나무가 없으면 사람 정신이 속되기 쉽다고 하잖아요."

어머니는 알았다 하시면서 여동생 부부의 차를 타고 고향으로 떠나셨다.

잊히는 상처

"징그럽게 멀더니……. 육이오 때 형님하고 경상도 진량까지 피난 가지 않았나. 진량 초등학교까지 갔다가 돌아왔지."

'형님'은 돌아가신 우리 아버지다. 십일월 중순 시제를 지내고 돌아오는데 여든셋 되신 당숙의 입에서 불쑥 6·25때 피난 간 이야기가 나온다.

"그때 큰 도로로 걸어 갈 수가 있간디? 폭격 맞을까봐 순전히 산길을 따라 걸어서 갔응께. 참 죽을 고생을 했지. 먹을 게 있간디? 시래기를 씹고 갔어, 무말랭이하고. 그리고 이는 또 왜 그리 많은지……."

중국에 가족이 함께 관광을 간 적이 있었다. 그때 조선족 안내원이 북한의 생활상을 이야기하면서 북한에는 아직 이가 많다고 했다. 따라간 일곱 살 난 조카한테 이를 아느냐고 물었었다. '이'라는 말을 듣고 어리둥절한 조카애는 물론 알지 못한다고 대답했다.

"요새 진량도 많이 커졌지? 그때는 집 서너 채 있었는데……. 하양은 그때도 컸어. 여기서 걸어서 꼬박 열흘이 걸렸어. 추풍령은? 추풍령 고개는 넘지 않고 돌아서 갔지. 왜관에서 배를 타고 낙동강을 건너고……. 진량까지 가서는 죽어도 더는 갈 수가 없어서 다시 죽을 고생하며 돌아왔지."

"피난 가서 징집을 면했었는데 일 년이 지나니 다시 징집영장이 나와 군대에 갔지. 지금 계산해보면 휴전을 육개월 남기고 입대한 거야. 제주도에서 훈련받고 수색중대로 전방에 투입되었어. 그때 많이 죽었지. 어떤 신병 부대는 훈련받고 전방에 투입되자마자 폭격받아 몰살한 부대도 있었어. 너희 외삼촌, 그리고 네 친구 광엽이 아버지도 입대하자마자 죽었어."

셋째 외삼촌이 6·25때 전사하셨다는 것을 잘 알고 있다. 과부가 된 외숙모와 아버지를 잃은 외사촌 누이들이 그 후 힘겹게 살아가는 모습도 내 눈으로 똑똑히 보았다. 내 친구 할아버지와 어머니가 친구 아버지의 전사 통지서를 받고 혼절하며 흐느끼던 광경을 본 기억이 있으며, 통지서 안에 머리칼과 손톱이 들어있었다는 이야기도 생생하다.

"우리는 주로 중공군하고 싸웠어. 꽹과리 치면서 밀려오는 중공군은 어떻게 쉽게 막을 수가 있었간디? 밤새 총을 쏘았지. 그러다가 아침에 죽은 중공군을 보면 주머니에 돈이 한 뭉치씩 들어있는 것이 발견되기도 했어. 돈에 팔려 왔다는 이야기가 돌았지. 그리고 정신이 없는 것 같았어. 마약을 맞고 정신이 혼미한 상태로 그대로 밀고 내려왔던 것 같아."

"그때 사는 길은 부상을 입는 거였어. 부상을 당하면 후방으로 후송되어 생명은 건질 수가 있었으니까. 전쟁이 언제 끝날지 모르는 상태여서 결국 모두 죽는다고 생각했지. 그래서 어떤 군인은 일부러 다리에 총을 쏘는 거야. 부상입어 후송 가려고……. 그런데 군의관들이 귀신같이 용케 알아내더군. 싸우다가 부상당했는지 자해했는지……. 수통을 다리에 대고 총을 쏴서 부상을 입으면 군의관들이 잘 구별하지 못한다는 이야기도 떠돌았지."

나는 '레마르크'가 쓴 〈서부전선 이상 없다〉라는 소설을 떠올린다. 한 병사가 전장에서 다리에 부상을 입고 후송되어 치료받다가 상처가 감염이 되어 다리를 절단하려 할 때 군의관한테 "차라리 죽여주세요. 한쪽 다리 없이 어떻게 이 험한 세상을 살아갈 수가 있습니까?" 하고 절규하던 문장을 기억한다. 그럼에도 불구하고 당숙 부대의 장병들은 다리에 총을 쏘아서라도 후방으로 후송 가서 살려고 했었다.

"치열하게 전투를 하다가 낮 열두 시가 되니 갑자기 총성이 딱 멈추는 거야. 제일 먼저 대대장이 참호에서 튀어나와 '살았다.' 하고 고함치더군. 그리고 다른 장교들도 뒤따라 나와 살았다고 환호하고. 그날 낮 열두 시부터 휴전이 된 것이지."

"그때 당숙도 부상을 입었었지요?"

"여기 이렇게 장딴지에 부상을 입었었잖아. 언제 부상을 입었는지도 모르겠는데 참호에서 뛰어나와 같이 환호하는데 장딴지에서 피가 나더군. 이것이 그때의 흉터지."

바지를 걷어올리고 장딴지에 생긴 흉터를 보여주신다. 내가 그 부상에 대해 묻지 않았었다면 당숙은 그 상처를 잊고 있었을 것이다. 벌써 오십여 년이 지나간 이야기가 아닌가? 그동안에 상처는 망각의 세계로 한 발짝씩 물러나 잊히고 있었던 것이다.

"나는 묘지 걱정은 안 항께. 국립묘지에 들어가면 되니께. 자식들한테 묘지 걱정 안 하게 하는 것만도 얼마나 부담을 줄여주는 것인데……."

다리에 총을 쏴서라도 살고 싶었던 당숙의 삶도 이제 거의 끝나가고 있다. 언제 죽을지도 모르는 상태에서 육 개월 동안 방아쇠를 당겼던 당숙의 손도 이제 굳어가고 있다. 결국 피난 갈 때 씹었던 무말랭이처럼 말라비틀어진 당숙과 당숙모의 몸을 묻을 한 평도 안 되는 땅을 얻기 위하여 당숙은 그렇게 피난도 갔고, 무말랭이도 씹었고, 이한테도 뜯겼고, 그리고 스스로 다리에 총을 쏘려고도 했었다.

낙엽송 가랑잎이 미풍에 흔들리며 사뿐사뿐 허연 당숙의 머리와 어깨 위에 떨어진다. 과거의 이야기를 덮으려는 듯 눈송이같이 조금씩 쌓여간다.

몽돌

딸 내외가 콘도를 빌렸다고 오라고 한다. 처음에는 거절했다. 저희들끼리 즐기는 시간을 갖는 것이 좋을 것 같고 사돈댁 눈치가 마음에 걸려서다. 그런데 외손녀가 문제였다. 자식 키울 때는 정신없이 살아서인지 그것들이 귀여운 줄을 모르겠더니 외손녀가 생기니 다르다. 유행가 가사처럼 자꾸만 보고 싶어진다. 나도 그런 심정인데 아내는 어떻겠는가? 결국 딸 내외의 콘도를 찾아간다.

하룻밤을 지내고 나니 딸이 이야기를 한다. '배를 타고 해금강과 외도를 관광했는데 외손녀가 울어서 애를 먹었다. 이리 달래고 저리 달래도 안 되어 배 뒤편 갑판으로 데리고 나가는데 문득 어릴 적 해금강을 관광했던 때가 생각나더라. 그때 뱃멀미와 바다 냄새로 울고불고 했었는데, 울고 떼쓰는 딸을 보니 그때 생각이 나서 부모님들을 오시라고 했다.' 그랬던가? 삼십여 년이 지난 이야기다. 거제도 해금강이 보고 싶어진다.

거제도 주차장에 차를 세우자 해금강 관광호텔이라는 간판이 동백 숲 위로 보인다. 무척 반갑다. 잊어버렸던 옛 기억을 찾은 느낌이다. 삼십여 년 전 여름비가 봄비처럼 가늘게 내리던 날 아이들을 데리고 이곳을 방문하여 호텔에 머물렀었다. 버스를 내리자마자 딸은 코를 움켜쥐더니 호텔 안에서도 비릿한 바다 냄새를 참을 수 없다고 울먹였었다. 바다 냄새가 빗방울 속에도 잠겨 있었고 해풍에도 실려 왔었기 때문이다.

호텔은 옛날 모습 그대로다. 기억 속에 간직한 모습과 똑같다. 반갑다. 첫사랑 대상자를 수십 년 후에 만났을 때, 옛날 모습을 그대로 유지한 것을 본 것처럼 감격스럽다. 젊음과 희망이 뭉뚱그려 몸 안에 똬리를 틀고 있던 시절이었다. 지나간 시간은 아름답게 치장되는 법이라고 하더라도 그 시절은 화장하지 않아도 아름답게 빛나던 시절이었다.

동백나무 숲 속으로 난 길을 걸어 호텔로 간다. 알밤 크기의 동백 열매가 두툼한 초록색 잎들 속에 숨어 있다. 꽃은 여러 번 보았으나 열매는 처음이다. 동백꽃은 목을 툭 잘라 미련을 두지 않고 지는 꽃으로 알고 있었는데 열매를 보니 그것도 역시 연緣을 뚝 자르지는 못하는구나 하는 생각이 든다. 종족 보존의 연이란 그렇게 질긴 것 같다.

호텔 앞 광장에서 바다를 바라본다. 기억 속에 있는 과거의 풍경과 지금의 모습을 비교해 본다. 찬란한 주황색 빛을 뿜으며 바다 속으로 잠기는 해를 바라보았던 바닷가의 큰 바위는 그대로다. 관광배를 탔던 선착장의 건물은 새로워졌으나 옛날 그 자리에 있다. 저곳에서 배를 타고 해금강을 관광했었구나. 그때는 딸애가 배 타고 울상을 짓고 앙탈을 부리더니 이제는 제 자식이 그렇게 했었구나.

아내가 외손녀를 데리고 옆으로 오면서 "바위는 그대로네."라고 말한다. 아내의 눈길이 바위 위를 걷는 관광객의 움직임을 좇으며 그윽해진다. 자신이 바위 위를 걸었던 모습을 떠올리는 모양이다. 세월이 흐른 것이다. 생각은 멈춰있는데 몸도, 풍광도 변한 것이다. "저곳에서 파란 전복 기름이 돌던 전복죽을 먹었었는데……." 아내의 중얼거림이 들린다.

갑자기 아내가 몽돌해수욕장으로 가자고 한다. 몽돌해수욕장? 몽돌이 무엇이지? 아내가 관광 팸플릿을 보면서 '몽돌은 돌이 닳아 동글동글한 모양을 한 돌이고, 몽돌해수욕장은 검은 몽돌이 깔려있는 거제도 학동에 있는 곳'이라고 설명해준다. 그래, 청을 들어주자. 나이는 들었어도 낭만을 그리워하는 저 마음을 이해해 주자.

차가 몽돌해수욕장으로 출발하기 전에 딸 내외에게 묻는다. "외손녀가 나중에 이곳을 다시 방문하면 지금 방문했던 일들을 기억할까?" "아마 못할 겁니다. 너무 어려서요." 사위가 대답한다. 그렇겠지. 어떻게 세 살짜리가 지금의 일들을 나중에 기억하겠는가. 그렇지만 내가 물은 뜻은 다른 곳에 있다. 삼십여 년이 흐른 후 너희 부부가 다시 이곳을 방문하면, 세월이 얼마나 빠른지, 삶이란 위대한 것도 특별한 것도 아닌 그저 종족 보존의 한 과정이라는 것을, 한 삶이 끝나면 다음 삶이 그 뒤를 잇는다는 것을, 깨닫게 될 것이라는 것을 말하려 한 것이다.

몽돌해수욕장의 해변에서 깔려 있는 몽돌들을 바라본다. 파도가 한 번씩 밀려올 때마다 바닷가의 몽돌들은 물을 뒤집어쓴다. 그들의 모습은 젊은 흑인 여성의 나상裸像을 연상시킨다. 햇빛에 반짝거리는 몽돌의 표면은 탄력 있는 검은 여인의 피부다. 곱게 다듬어진 외형은 굴곡진 몸매다. 파도가 밀려올 때마다 피부를 한 번 더 씻는다. 마음에 들지 않는 부위는 더욱 매끄럽게 깎아낸다. 아름다움에 대한 욕망은 절대로 충족되지 않는다. 붉은 해가 뜰 때는 순금을 풀어놓은 듯한 황금빛의 물로, 해가 중천에 걸렸을 때는 오이 냄새가 날 듯한 산뜻한 맑은 물로, 몽돌은 자꾸만 몸을 닦는다. 더욱 아름다워지기 위하여.

몽돌들도 청춘만 있는 것은 아니다. 바닷가에서 뭍 쪽으로 자리가 옮겨지면서 늙음의 삶이 도래한다. 진주 같은 검은 몸은 꺼칠꺼칠한 피부를 가진 노구老軀의 모습이 된다. 어떤 곳에서는 쓰레기와 이웃하면서 살아가야 한다. 더 이상 해가 뜰 때 황금색으로 변하지 못하고, 강렬한 한낮의 햇빛에도 빛나는 몸매를 보이지 못한다. 탄력 없는 짙은 연두색 피부만 보여줄 뿐이다. '삶이란 다 그런 것이다.' 늙은 몽돌들은 자조하면서 참고 살아간다.

몽돌의 인고의 세월이 어찌 짧았겠는가. 수백 년, 수천 년, 몸을 깎고 물과 타협하며 견디어 온 삶이 아니었겠는가. 어떤 때는 앙탈하면서, 어떤 때는 위엄을 보이면서, 앉아 있는 자리를 지키려고도 하다가 세월이 흐르고 몸이 가벼워지면서 사정없이 후려치는 파도의 위력이 겁이 나 한 발짝 한 발짝 뭍 쪽으로 자리를 옮기다 보니 이제는 바닷가에서 멀리 떨어진 신세가 된 것이 아니겠는가?

바닷가 몽돌들은 젊은 딸과 사위일 것이다. 뭍 쪽으로 밀려난 몽돌들은 아마 우리 부부의 모습일 것이고 바닷속에서 새롭게 솟아오르는 몽돌들은 외손녀의 세대일 것이다. 그렇게 세대는 바뀌는 것이다. 세월이 지나면서 몽돌들이 동그랗게 변하듯이 세대도 원을 그리며 돈다. 그것은 신의 섭리이고 자연의 현상이다. 인간도 자연의 일부이므로 그 원칙에 따라야 한다. 사람이 나이가 들어 사라지지 않는다면 지구가 어떻게 되겠는가?

마곡사麻谷寺

한겨울 산사山寺를 찾는다. 공주에서 유구 쪽으로 달리다가 마곡사로 내달리는 국도를 따라간다. 어릴 적 보았던 누나의 허리 곡선을 닮은 논둑을 따라 만든 좁은 길로 차를 몰고 간다. 언제부터 이 길에 차가 달리기 시작했을까?

찻길 옆에 떨어진 먼지는, 새벽녘 찬 이슬을 치맛자락에 안고 땀으로 가슴을 쓸어내리며 걸었던 이 길의 아낙네들을, 시주施主할 쌀 한 말을 머리에 얹고 애달픈 삶은 자기로 끝내달라고 속으로 수백 번 암송하며 걸어가던 그녀들에 대한 아픈 잔영殘影을, 어제의 기억처럼 생생히 간직하고 있으리라.

여명도 다가서지 않은 검은 새벽 4시경, 지금은 노모老母이지만 그때는 서른 살 갓 넘은 새댁이었던 어머니는, 나를 포함한 형제들의 이름을 올린 마곡사를 찾아 그렇게 봄·가을 두 번씩 새벽녘에 집을 떠나곤 했었다. 마치 그러한 행위가 우리들의 미래의 생명과 삶을 보장하는 부적符籍인 양 믿으면서.

입장료를 받는 사찰寺刹 입구는 텅 비어 있다. 자동차 차단기는 벌쓰는 아이같이 한쪽 팔을 멋쩍게 들어올려 불안정하다. 잠시 차를 정차시키고 입장료 받는 곳을 기웃거리지만 아무도 없다. 왜 이리 허전한가? 텅 빈 그곳이 온 절간의 생기를 흡입해 뽑아 온 듯도 하다. 절간 옆 주차장에 도달할 때까지 차도, 인적도 없다. 아무도 없는 적막 속에서 삶에는 굴곡이 있다고 나무들이 두런거리고 있는 듯도 하다. 계곡의 바닥을 지나야 언덕에도 올라서고 적막을 맛봐야 언어소통의 가치를 느낀다고.

쓸쓸한 주차장에 차를 세우고 밖으로 나오니 날이 저물고 있다. 산속의 저녁은 일찍 찾아온다. 오후 다섯 시인데도 주위는 자꾸 어두워진다. 검푸른 하늘빛은 숲의 빈 공간을 이리저리 채우면서 지상으로 내려오고 있다. 밝지 않은 빛 속에서 주위를 둘러본다. 주차장 밑으로 평평한 공간이 있고 건너편에 몇 채의 기와건물이 있다. 일주문一柱門을 지나 그곳으로 다가간다. '이곳은 스님들이 생활하는 곳이니 외부인 접근 금지'라는 팻말이 있다. 이미 출가할 때 끊은 연緣인데, 이곳에 와서도 또 다시 그 인연을 끊어야 한단 말인가? 그렇게 사파娑婆의 연은 질긴 것인가?

담 너머 스님 한 분이 마당을 걷고 있다. 푸르스름한 머리가 어둠 속으로 점점 잠겨 희미해진다. 저 푸르스름하게 보이던 두피頭皮에서 머리칼을 벗어 내릴 때, 스님은 얼마나 많은 것을 같이 잘라 내었을까? 떨어지는 머리 올만큼이나 많은 눈물방울들을 가슴속에 떨어뜨리며 질기고 질긴 연줄들을 끊어 낸 것은 아닐까? 숲 속 나무 사이로 비치는 달빛을 보면서, 과거의 어느 한 토막을 뭉텅 잘라 초승달의 빈 공간을 채워 보름달로 만들려는 해탈의 경지로 정진하다가, 언제부터인가 미완성의 아름다움을 스스로 깨우치게 되어 저렇게 무심하게 경내를 걷고 있는 것은 아닌가?

광장을 건너 대광보전大光寶殿과 대웅전 쪽으로 다가간다. 돌다리가 있고 다리 밑으로는 깊은 속을 가진 물이 흐르고 있다. 극락교이고 희지천이다. 건너편에는 주황색의 가로등이 하나 켜져 있다. 그 불빛과 반대 측 건물의 모습이 물속에 거꾸로 몸을 뒤집은 채 숨어 있다. 절묘한 시간이다. 날이 완전히 어두워졌다면 건물들의 모습이 물속에 잠기지 않았을 것이고, 어둠이 깔리지 않았더라면 가로등이 켜지지 않아서 그런 풍경은 만들어지지 않았을 것이다.

극락교 다리는 언제 건축되었을까? 곱게 빨고 다린 버선을 발에 끼우고 비누와 칫솔로 깨끗이 닦은 하얀 고무신을 신은 어머니가 새벽에 부처님 앞으로 내달렸던 그때에도 있었을까? 그때는 다리가 없어 버선과 흰 고무신을 벗어 왼손에 들고 바른손으로 희디흰 종아리가 보이도록 치마와 고쟁이를 들어올리고 뽀얀 발등이 보일 만큼 맑은 희지천의 시냇물을 지르밟고 건넌 후 발과 버선과 신을 다시 신었을까?

대광보전 앞 오층석탑 앞에 선다. 어머니는 그 앞에서 수없이 허리를 굽히고 손을 비비며 빌었을 것이다. 특별한 기도문이 있어서 암송을 한 것이 아니라 동물들이 새끼들을 위할 때 본능에서 솟아오르는 그런 음률과 몸짓으로 축원했을 것이다. 옛날 앉은뱅이가 참나무껍질로 자리 짜기를 완성하니 부처님이 걸어 나가게 했다는 전설을 믿으면서 말이다.

대광보전의 오른쪽 계단을 올라 가장 높은 곳에 위치한 대웅전으로 올라간다. 절의 모든 건물들과 건너편 산까지 한눈에 들어온다. 북쪽은 태화산, 동쪽은 무성산, 서쪽은 철승산이라 한다. 대웅전 부처님은 모든 건물을 관장하고 안광은 숲을 뚫고 어둑어둑한 하늘까지 뻗어가고 있는 듯하다. 대웅전 안을 둘러본다. 어머니가 부처님께 올렸다는 내 이름은 지금 어디에서 가부좌를 틀고 앉아 있는가? 대웅전 부처님 옆 저 천장에서 두 손 들고 붙어있는 것은 아닌가? 이미 오십여 년이 지났는데 이름 석 자는 알아 볼 수 있을 만큼 선명함을 유지하고 있을까? 새파란 어머니의 적삼이 무색의 무명저고리로 바뀔 때까지 견뎌낸 내 이름, 백지는 아직 벌레의 침범을 허용하지 않고 견디고 있는가? 내 노모는 부처님한테 내 이름을 올렸다는 그 사실 하나로 지금까지 나의 안전을 확신하면서 살아 오셨고, 나는 그러한 행위가 나의 미래에 대한 특별한 부처님의 보장으로 여기면서 지금까지 살아오지 않았던가? 만약 그 종이에서 내 이름이 지워졌거나 종이가 낡아 사라졌다면 나의 미래에 대한 보장을 상실한 어머니는 또 얼마나 상심하실까?

대웅전을 한 바퀴 도는데 나이 지긋한 두 남녀가 손을 잡고 걷고 있다. 나를 보자 반가운 미소를 띄워 준다. 내가 건너편 숲을 물끄러미 바라보자 그들도 발걸음을 멈추고 그곳으로 눈길을 준다. 어둠이 내려앉은 숲은 망망한 바다 같다. 희지천 가에 세워진 가로등 불빛이 마치 달빛처럼 은은하다. 달이 뜨면 더욱 아름답겠지. 달빛을 받아 생긴 희지천에 뜨는 나무 그림자는 또 얼마나 아름답겠는가!

대웅전에서 주차장으로 내려와 차를 타고 천천히 절을 나선다. 허리가 굳어 펴지지 않아 얼굴이 땅에서 일 미터도 안 되게 떨어져 고정되어 있는 어머니의 얼굴이 떠오른다. 머리를 숙이고 허리를 굽힌 자세로 자식들을 위해서 빌고 또 빌어서 그렇게 된 듯한 생각도 든다. 언제 어머니의 굳은 허리가 펴질까? 이 세상을 하직하고 자식들에 대한 모든 걱정을 떨어뜨리는 날, 그날에는 가능할까?

고드랫돌

고향집 뒤꼍을 거닐던 중 무엇이 발끝에 걸린다. 축축한 흙을 뚫고 솟아오른 조그만 사기砂器 물건이다. 손으로 집어 드니 청자색을 띤 고드랫돌이다. 붙어있는 흙을 털고 물에 씻으니 청자색이 은은하다. 가운데 잘록한 부위와 위아래 양측 면에는 청자색이 거의 온전히 남아있다.

언제 고드랫돌이 땅에 버려졌을까. 아버지는 느긋하게 고드랫돌을 사용할 분이 아니다. 불같은 성격에 활동적이어서 역동적인 삶만이 가능했다. 할아버지는 달랐다. 젊었을 적에는 어떠했는지는 몰라도 어렸을 적 보았던 할아버지는 무척 정적이었다. 잔칫집에 가실 때에는 붉은색 작은 나무 궤짝에서 까만 갓을 꺼내 쓰고 어머니가 정성 들여 다려놓은 흰 도포를 단정하게 입고 가셨다. 길게 기른 흰 수염을 바람에 날리며 유유자적 조용하게 걸어가시곤 했다. 잔칫집에서 약주라도 얼큰히 들고 돌아오신 날에는 등잔불로 간신히 어둠을 밝힌 사랑채에서 끊어질 듯 끊어질 듯 연결되어 들려오던 청아한 시조 한 가닥, 가락이 한참 길어질 때는 할아버지의 숨이 끊어지지 않나 걱정까지 하곤 했었다.

할아버지는 아버지한테 집안일을 넘기신 후 거처를 사랑채로 옮겼다. 방 한쪽에 자리틀을 마련하고 자리를 짜면서 한없이 남아도는 시간을 보내기 시작했다. 한 가정에 가장은 둘이 될 수 없다는 진리를 되새기기라도 하는 듯이 청올치로 왕골을 조여 가듯 자기 몸을 인고忍苦의 실로 조여 가면서 자리를 짰다. 시간을 왕골로 삼아 세월을 짠 것이다.

뻐꾸기 우는 유월이면 할아버지와 나는 한 번씩 청올치를 뽑아낼 칡 줄기를 얻으려고 낫을 꽂은 지게를 지고 녹음이 우거진 산으로 나섰다. 산 밑에 도달하기도 전에 '확' 코끝으로 스며드는 칡꽃의 향기, 그것은 뻐꾸기 우는 소리를 타고 내게로 왔다가 그 소리를 따라 허공 속으로 사라졌다. 산속은 왜 그리 조용했는지, 그곳의 공기는 왜 그리 진공 속같이 움직이지 않고 있었는지, 자기를 낳고 무정하게 버린 엄마를 찾는 입양아처럼 뻐꾸기들은 왜 그리 처량하게 울어댔는지, 그것들에 대한 기억은 왜 그리 미라처럼 부식되지 않고 내 마음속 저 깊은 곳에 안치되어 한번씩 나를 유년의 시간

속으로 끌어들여 미치도록 울고 싶도록 만드는지, 지금도 모르고 앞으로도 모르면서 살아갈 것 같다.

한 짐의 칡 줄기는 지게와 지게를 지고 가는 내 작은 몸뚱이를 숨겼다. 뭉쳐진 칡 줄기 덩어리만 스스로 꼬물꼬물 움직이는 것 같은 모습으로 보이기까지 했다. 할아버지는 흰 수염을 날리며 칡 줄기 덩어리 뒤쪽을 받쳐 주면서 따라오셨다. 지고 온 칡넝쿨들은 잎과 순을 자르고 줄기만 모아서 구정물통에 담갔다가 며칠 후 그것들을 꺼내서 껍질을 벗기고 겉껍질을 칼로 걷어냈다. 속에서 하얗고 얇은 대팻밥 같은 청올치가 나왔다. 정말로 아주 얇고 하얀 껍질이었다.

할아버지는 청올치를 세로로 가늘게 갈랐다. 못을 벽에 박고 청올치를 걸고 꼬기 시작했다. 꼬아 놓은 것은 고드랫돌의 잘록한 부위에 감았다. 자리틀 위에는 왕골을 얹었다. 할아버지의 손길에 따라 고드랫돌들이 앞뒤로 자리를 바꾸면서 왕골이 묶여 자리가 짜졌다. 그 과정은 지겹도록 느리게 진행되었다.

할 일 없이 자리 짜는 모습을 바라보던 나는 가끔 심심하고 심술이 났다. 한번씩 자리틀 반대편 고드랫돌들을 손으로 마구 흩트려 놓으며 심통을 부렸다. "장기 한 판 두고 자리를 짜면 안 되느냐."라고 할아버지를 닦달하기도 했다. "고얀 놈." 하면서 할아버지는 장죽을 재떨이에 탕탕 두드리며 겁을 주셨다. "칡 줄기를 잘라 올 때 다시는 지게를 지지 않겠다."라고 할아버지를 협박했다. 할아버지는 빙긋이 웃으며 장기판을 펼쳐놓으라고 말씀하셨다. 장죽의 담배통에 엽연초 가루를 천천히 꼭꼭 눌러 채우고는 담뱃대 물부리를 입에 물고 장기판 앞으로 나서곤 하셨다.

그때 장기를 배우던 나였는데 할아버지의 배려가 없었다면 어찌 한 판이라도 이길 수 있었겠는가? 장기를 두는 내 눈빛은 핏발이 설 정도로 진지했고, 맞서는 할아버지의 눈빛은 빙글빙글 웃으시며 내 눈치를 한번씩 살피면서 장기 말을 움직였다. 그러다가 느닷없이 외통수로 이기기도 했고, 내가 상대 장기 말을 잡을 생각만 하고 있는 동안 갑자기 내 차車나 포包를 잡곤 하셨다. 물러 달라는 손자의 애절한 애원에도 불구하고 할아버지는 한번도 물러 준 적이 없었다. 내가 장기판을 계속 지다가 결국은 참지 못하고 심통을 부리면 어물쩍 한번 져 주시던 할아버지, 삶에서는 물러주는 일이 없는 냉정함만 존재하고 약자한테도 한번씩 온정을 베풀어야 관계가 지속된다는 점을 그렇게 가르쳐주셨다.

고드랫돌의 운명은 할아버지의 삶과 같이했을 것이다. 하나의 권위가 무너지면 소유물 또한 같은 운명을 겪는 법, 매일 매일 애용하며 귀여워해주시던 할아버지가 돌아가신 후, 자리틀도, 고드랫돌도 사랑방에서 쫓겨나 후미진 집 한쪽에 처박혀져 있다가 그것도 모자라 땅으로 굴러 내쳐졌을 것이다. 청자색이 벗겨진 모서리는 할아버지의 손때가 벗겨진 부분일 것이나 아직 그 색이 남아 있는 부분은 손때가 남아 있는 부분일 수도 있다. 심통 부리는 어린 나를 빙글

빙글 웃으시며 보여 주시던 온화한 눈빛과 고드랫돌을 넘기며 불러대던 청아한 목소리의 시조 가락은, 고드랫돌에 아직 남아 있는 청자색처럼 내 몸속에 남아서 이렇게 글을 쓰고 있게 하고 있는지도 모르겠다. 언젠가는 은은하게 향이 나는 청자색을 닮은 글들을 쓰라고 말이다.

귀틀집

문경새재를 오르던 중이다. 퇴락한 모습의 귀틀집이 숲 속에 외롭게 있다. 산악지대 화전민이 살았었다는 통나무집, 싸리로 만든 울타리를 넘어 안으로 들어선다. 단채의 우물 정자집이다. 삐걱거리는 방문을 열고 방 안을 들여다본다.

그들만의 공간이었다. 인적 드문 산 속에 온 식구가 굼벵이같이 우글거리던 터전이었다. 몸을 부대끼며 숨을 섞던 공간, 체온의 온기가 쉽게 창문 밖으로 빠져나가지 못하던 장소, 소속의 끈을 동여매는 아늑함의 울타리, 야릇한 진흙냄새가 풍겨나던 벽, 포근한 통나무의 송진 묻은 온화함, 겨울에는 화롯불이 방 안 중간을 차지하던 방이었다.

역 세모꼴 천장에는 깊은 산속에서 베어왔던 소나무, 아랫동네, 뒷동네, 옆 동네의 장정 이십여 명이 이틀 걸려 간신히 끌어왔을 것 같던 나무가 대들보로 걸쳐져 있다. 그 양 가로 걸쳐놓은 몇 개의 통나무들, 그것들은 대들보의 역할이 얼마나 힘든지를 보여주듯 매달려 있다. 통나무 사이사이에 채워져 있는 황토흙은 통나무와 통나무를 붙들어 매고 있으며, 조그만 금들도 몸의 여기저기에 만들어 놓고 있다.

방문을 닫고 집밖을 둘러본다. 창문은 단지 하나만 있다. ㅁ자 모양 안에 다시 여러 개로 나누어진 ㅁ자, 그 하나하나의 공간 안에 서로간의 힘의 균형과 조화의 맞춤이 있다. 서로 간 홈을 내고 끼워줌으로써 보듬고 아우르는 미덕을 보이고 있다. 문은 옆으로 미는 것이 아니라 들어올리는 형태다. 밖의 공기를 받아들이기가 어려우면 몸의 무게를 밑으로 내린다. 주저앉아 엉긴다. 그것이 가진 것 없는 자의 유일한 반항 방법이라는 것을 그들은 알기 때문이다.

바깥출입 방문도 세로가 긴 ㅁ자다. 중간에 두 개의 막대가 걸쳐져 3단으로 나눠어져 있다. 그 안도 가는 막대기가 빗살 모양으로 가로질러 마름모꼴로 다시 나누고 있다. 문 중간에 달려 있는 문고리, 겨울의 찬 기온에서는 온기를 끌어안으려고 잡은 손을 빨리 놓지 못하게 하던 문고리, 삐거덕거리는 돌쩌귀의 울음소리가 외부와의 출입을 알렸고, 완벽하게 폐쇄하지 못한 문틈은 바깥세상과의 소통의 염원을 표시하곤 했다.

집 벽을 이루는 가로지른 통나무 소나무들, 깊은 산속의 고요 속에서 몸이 잘려 실려 오고, 배를 가르는 고통 속에 가족을 보호하는 희생을 배웠다. 감싼다는 것, 내 몸을 자르고 배를 갈라 보호한다는 것, 어찌 아픔 없이 배울 수 있는 득도得道이겠는가. 위아래 동료들과 일정한 간격을 유지하며 가지런히 정렬하고 있어야, 1년이 흐르고 10년이 지나도 몸 한번 꿈틀대지 않아야, 절간 문턱을 지키는 사자 왕 발에 밟힌 괴물같이 평생 삶의 하중을 견디는 인고의 세월을 살아야, 한 집안을 품을 수 있는 공간을 유지할 수 있다는 것, 그것을 보여주고 있다.

지붕 위에는 몇 개의 돌들이 얹혀져 있다. 얄팍한 짚으로 만든 지붕은 살랑거리는 바람에도 풀썩거린다. 이러한 지붕으로는 일 년에 서너 차례 다가오는 폭풍을 견딜 수가 없다. 살아가는 것이 힘들 때 신의 웅대한 힘에 의지하듯, 누르는 돌덩이의 무게에 지붕은 의존한다. 잡풀 몇 개가 바람에 흔들린다. 함께하는 이웃들이다. 조용한 6월 초에는 뻐꾸기의 울음소리와 함께 이것들이 산 자者들의 고독을 중화하는 좋은 친구들이다.

나만의 조그만 공간을 가지고 싶다. 세상의 번잡함과 동떨어진 단절의 공간 말이다. 하루 종일 들어도 뻐꾸기 소리만 한번씩 들리는 그런 산속에서, 통나무로 지은, 칡넝쿨이 담쟁이 넝쿨처럼 벽을 감싼, 세상과는 조그만 창문으로만 소통하는, 그런 귀틀집 같은 작은 집에서 살고 싶다. 생솔가지 타는 연기 냄새를 맡고, 참나무 장작이 탈 때 내는 지글거리는 체액의 끓음을 보면서, 치열한 삶으로 육신의 진수가 뽑아져 나와 부글거리며 끓던 내 젊었던 시절의 모습을 반추해 보면서 말이다.

젊음에 대한 나이 든 자의 불평

오후 늦게 수술을 마치고 연구실로 돌아오던 중이다.

"이제 수술은 젊은 사람들에게 맡기고 그만 쉬시지요. 부탁한 환자나 수술하고."

젊은 교수의 말이다. 웃음 띤 얼굴로 동조하는 듯한 표정을 지었지만 기분이 썩 좋은 것만은 아니다. '이제 쉬라니. 젊은이들한테 모든 것을 물려주고 구경만 하고 있으라니.' 마음속 깊은 곳에서 비애와 허무감이 솟아오른다.

나이가 들면 정보를 얻는 양이 줄어든다. 그것들을 분석하고 판단하여 대처하는 속도도 느려진다. 이것을 보고 나이 든 사람들은 능력이 떨어진다고 단정해 버린다. 그렇지만 나이 든 사람들은 서로 협조를 잘해서 일을 처리한다. 그 방법으로 젊은이들을 이기기도 한다. 테니스 경기만 해도 그렇다. 일반적으로 젊은 사람들이 나이 든 사람들보다 경기를 잘할 것이라고 단정하지만 꼭 그런 것만은 아니다. 단식은 몰라도 복식은 그렇지 않은 경우가 흔하다. 젊은 조는 힘으로 이기려 하나 나이 든 조는 경험에서 우러나온 지혜로 이기려고 한다. 짝과 협조를 잘해서 넘어온 공을 받아 넘기고, 상대방이 공을 받기 힘든 자리로 공격함으로써 경기를 승리로 이끈다.

수술도 마찬가지다. 젊은 의사들은 자신들의 체력을 믿고 혼자서 전 수술 과정을 완수하려고 한다. 과도한 자신감에 젖기도 하고, 남한테 도움을 받는 것을 수치로까지 생각한다. 반면에 나이 든 의사들은 체력적으로 부담이 된다는 사실을 잘 알고 남한테 도움받는 것은 당연하다고 생각한다. 어려움이 닥치면 아랫사람한테도 부끄럼 없이 도움을 청한다. 자기의 체력 한계를 알기 때문에 고도의 경험을 요구하는 부분만 직접 수술하고 나머지는 체력이 강한 젊은 교수나 전공의에게 맡기기도 한다. 개인보다는 조직을 이용하여 일을 성공적으로 처리하려고 하는 것이다.

지금은 나이 든 의사들도 젊은 의사들과 똑같은 시력으로 수술할 수가 있다. 루페(확대경)와 수술 현미경을 사용해서다. 수술을 시작할 때에는 루페를 쓰고 뇌를 건드리기 시작하면 미세 수술 현미경을 사용한다. 과거라면 시력이 떨어지면 수술하는 것을 접어야 했다. 신이라 하더라도 보이지 않으면 수술을 잘할 수가 없기 때문이다. 그렇지만 지금은 상황이 변했다. 육체의 단점이 과학의 발달로 메워진 것이다.

나이가 들면 흔히 듣는 말이 '힘든데 편히 쉬시라'는 말이다. 이 말만큼 앞면과 뒷면의 뜻이 다른 말도 드물다. 연로한 부모님이 땀을 뻘뻘 흘리면서 농사를 짓는 모습을 보고 자식이 부모님한테 이 말을 했다면 그 말의 앞면과 뒷면의 뜻은 같을지도 모르겠다. 그렇지만 그 말도 앞면은 부모님을 위로하는 말이지만 뒷면은 그렇지가 않다. 부모님들은 일하는 데 사는 재미를 느끼고, 농사로 얻어진 수확물을 자식들한테 나누어줄 때 삶의 의미를 찾기 때문이다. 부모님을 집에 모시고 와서 한 달만 편히 쉬시도록 해 보라. 일주일만 지나면 안절부절 못하시고, 이주일이 되기 전에 농사일은 물론 집 주위의 잡초까지 걱정하기 시작하며, 한 달이 지나면 우울증에 빠지는 것을 볼 것이다.

직장의 후배가 선배한테 그런 말을 했다면 그것은 앞면과 뒷면의 뜻이 완전히 다른 말이다. 앞으로는 선배를 위하는 듯이 보이지만 뒷면의 뜻은 자신이 올라설 자리를 내달라는 뜻이다. 아무리 그렇지 않다고 주장해도 그것은 거짓이다. 인간은 무슨 말을 해도 자신의 행복과 자신을 위해 살아간다. 자신의 입장에서 생각하고 자신한테 도움이 되는 길을 찾아 나아가는 것이다.

나이 든 자들을 '쉬시라'고 내치지 말고 같이 살아가야 할 이유가 있다. 그들은 젊은이들보다 지혜를 더 많이 가지고 있다. 지식은 공부를 해서 얻을 수 있으나 지혜는 깨달음에서 얻어진다. 어려운 문제가 생겼을 때 지식보다는 지혜로 문제를 해결하는 경우가 흔하다. 노마지지老馬之智라는 말도 있지 않은가. 전쟁 중 군대가 길을 잃고 헤맬 때 늙은 말 하나를 풀어놓고 그 뒤를 따라가니 큰길에 도달하여 위기를 넘겼다고 하는 고사故事 말이다.

나이 든 자들의 지혜가 일반직장에서도 필요한 경우가 생기겠지만 수술할 때에도 생긴다. 특히 어려운 수술을 할 때에 그러하다. 예기치 못한 상황이 수술 중에 발생하면 집도자는 대개 당황한다. 그럴 때 경험 많은 의사의 도움이 필요하게 된다. 그의 조언은 집도자를 안정시켜 문제를 차분하게 해결하도록 유도하기도 하고, 직접 수술을 도와 한 사람의 생명을 구하기도 한다.

나이 많은 사람들을 내치지 말아야 할 또 다른 중요한 이유가 있다. 그들은 과거로부터 쭉 살아왔기 때문에 사회나 학문이 어느 방향으로 발전해 나아갈 것인지를 어느 정도 예측한다. 젊은이들이 어느 방향으로 나아가야 미래에 도움이 되는가를 가르쳐 준다.

이렇게 글을 쓰면 나이 든 자들만 편들고 젊은이들을 편향적으로 미워하는 듯이 보이기도 하겠지만 그렇지만은 않다. 시간은 모든 것들을 변화시키고 나도 거기에 따라야 한다는 진리는 잘 알고 있다. 그러면 왜 이런 글을 쓰는가? 그것은 내가 떠나보낸 젊음의 시간들에 대한 그리움 때문이다. 젊음이란 얼마나 매력적인 단어인가! 그 속에는 불확실성이라는 불안감도 숨어있지만 무한한 가능성과 희망이라는 꿈이 숨어있지 않은가. 내 젊었던 시절은, 지금 돌이켜 생각해보면, 원대한 꿈을 키웠던 내 인생의 가장 화려했던 시간들이었다는 것을 이제야 절실하게 깨닫고 아쉬워하고 있기 때문이다.

가장 비참한 아름다움

그것은 아름다운 불꽃놀이다. 축제일이면 흔히 보았던, 까만 어둠 속 높은 하늘에서 터져 흩어져 내려오는 불꽃들이다. 송사리 떼처럼 유영하다 건물 저 뒤편으로 사라진 후, 갑자기 아름다운 조명이 건물에 켜지듯, 벌건 불꽃이 하늘 속으로 피어올랐다. 텔레비전에서 그 모습을 바라보던 나는, 그것은 어쩌면 어둠이 깔리는 건물들 뒤편으로 잠겨가는 저녁 해가, 붉은 석양의 아름다운 풍경을 만들고, 그 풍경 속에 한 무더기 인간들의 영혼들을 담아 흐물흐물 사라져가는 놀이처럼 보였다. 이스라엘 공군이 팔레스타인 가자 지구를 강타하는 뉴스를 전해주면서 텔레비전에서 보여주는 장면이다.

저 아름다운 불꽃 속에는 저녁을 먹은 후 가족과 평화롭게 텔레비전을 보면서 어린아이한테 젖을 물리고 있던 여인도 있을 것이며, 비스듬히 누워서 어린아이들의 재롱을 보면서 식후의 느슨함을 즐기는 가장도 있을 것이다. 가족의 편안함에 뜨개질의 속도가 느려지는 할머니도 있을 것이고, 담배를 피우려고 문밖으로 나온 할아버지도 있을 것이다. 그리고 이스라엘군에 저항하는 군인들도 있을 것이다. 그렇지만 저 불꽃 속에는 자신이 왜 죽어야 하는지 그 이유를 아는 자들보다는, 왜 죽어야 하는지도 모르면서 죽는, 육신을 태워 돌아갈 집을 잃어버린 영혼들이 더 많을 것이다.

신문에는, 부상을 당해서 얼굴에 피를 흘리는 아이를 안고 황급히 달려가는 아버지, 환자들로 북적대는 병원 응급실, 모든 것이 파괴된 거리를 배경으로 울고 있는 아랍 여인, 벽에 기대어 서서 울면서 애처롭게 쳐다보는 팔레스타인 어린아이, 장례식에서 무릎을 꿇고 애도하는 아이들의 슬픈 표정……. 등의 사진이 계속적으로 실리고 있다. 그런 사진들도 전쟁의 비참함의 일부는 보여줄 것이지만 더 처참한 전쟁의 참사를 진정으로 보여주지는 못하고 있을 것이다.

비행기가 갑자기 건물 속으로 들어갔다. 휘영청, 건물이 꺾였다. 검은 연기가 갑자기 솟았다. 빨건 불길이 비행기의 잔영을 지우듯 하늘로 솟아올랐다. 텔레비전에서 보여주는, 영화 속에서 폭발하는 장면을 보는 것이라고 상상했었다. 스트레스가 풀리는 듯한 기분도 들었다. 그러나 그것은 현실이었다. 2001년 9월 11일, 뉴욕의 세계 무역센터 쌍둥이 빌딩은 영화 속의 한 장면으로 착각하리만큼 환상적인 아름다움을 우리들한테 보여주고 그렇게 사라졌다.

그 아름다운 장면 속에서도 수많은 사람들이 죽었다. 4,000명이 넘는 사람들이 실종되고 150명 넘는 사람들이 사망했다. 무슨 이유인지도 모른 채 사라지고 왜 죽는지 모른 채 죽은 것이다. 우리들이 태어나는 것도, 죽는 것도 이유를 모른 채 이 세상에 모습을 보였다가 사라진다고 하지만, 그래도 죽을 때는 죽음이 닥쳐온다는 상상이라도 하면서 사라져야 조금은 덜 억울하지 않을까? 마지막 문자 메시지로 '내가 당신을 얼마나 사랑하는지 알죠?'라고 소식을 전하고 죽은 사람은 그래도 행복한 사람이다. 한마디의 말도, 한 줄의 문자 메시지도 보내지 못하고 죽은 영혼들이 대부분이기 때문이다.

그날 조그만 태양이 나가사키의 우라카미에 하나 더 떴다. 1945년 8월 9일 오전 11시 2분, 한여름 태양이 내리쪼이는 하늘에서, 지상에서 500m되는 높이에 태양을 닮은 조그만 해가 하나 더 뜬 것이다. 냇가에서 목욕하던 소녀들은 멋도 모르고 그 아름다운 태양을 바라보고 있었다. 아름다움에 취해 멍하고 있던 소녀들은 원자폭탄의 고열로 유리와 함께 손이 녹아 한 덩어리가 되어 버린 잔해를 남겼고, 우라카미 성당에서 엄숙하게 고해를 하고 듣던 신도와 신부들은 검은 점으로 흉터를 만든 로사리오의 일부를 남겼으며, 점심시간이 다가오자 도시락의 점심밥을 먹으려고 수업이 귀에 들어오지 않던 여학생들은 밥이 숯덩이로 변한 도시락의 잔해를 남겼다. 그 도시락 중 하나의 반찬통 뒷면에는 '2-3 쓰쓰미 사토코'라는 글자가 새겨져 있다.

소녀들과 신도와 신부와 그리고 학생들은, 그들이 왜 죽어야 하는지 알고 죽어갔을까? 자신이 조교수로 근무하던 나가사키 의과대학 부속병원에서 피폭된 원폭 피해자로써, 림프종으로 비대해진 비장을 주체하지 못하고 병상에 누워 있으면서도 원폭피해자의 구호와 장애의 연구에 혼신의 힘을 기울였던 나가이 다카시 교수의 이름은, 핵무기 생산에 기초가 되는 상대성 원리를 연구한 아인슈타인의 이름보다 더 숭고하게 존경받고 있는가?

가자 지구를 폭격한 이스라엘의 국방장관이나 수상은 이스라엘에서 영웅이 되었을 것이며, 9 · 11테러를 자행했던 자들도 아랍 사람들에게는 영웅이 되었을 것이며, 원자 폭탄을 만들었던, 2차대전 당시 미국의 핵무기 제조 프로젝트인 '맨해튼 프로젝트' 과학자들도 영웅적인 대접을 받았을 것이다. 그러나 그들의 행위로 사라져간 사람들을 생각해보라. 그들은 얼마나 억울하고 허무하겠는가? 죽을 때는 그래도 죽지 않으려고 노력은 해 보아야 하지 않을까? 그래서 의학이 발달하고 그리고 의사들이 밤을 새우며 한 생명이라도 더 살리려고 애를 태우고 있지 않는가?

체 장수

가브리엘 가르시아 마르케스가 쓴 ≪백 년 동안의 고독≫이라는 책이 있다. 가장 질서 있고 열심히 일하는, 아무도 사망한 적이 없는 영생의 낙원 같은 고립된 마을에 한 무리의 집시가 현대 문명의 발명품들을 가지고 찾아든다. 집시를 통해서 현대문명을 접한 마을 사람들은 신기함에 놀라면서 외부 세계와의 소통을 시도한다. 결국 현대 문명이 마을로 침투되면서 낙원 같던 마을은 몰락의 길을 걷게 된다.

체를 만드는 곳은 시장지하상가에 있다고 한다. 물어물어 찾아간 구석진 가게에는 머리가 희끗희끗한 남자가 자리를 지키고 있다.

"체 만드는 것을 보려고요. 옛날 할아버지가 가끔 체 장수를 집에 재워주셨거든요.”

무뚝뚝한 인상은 더욱 굳어진다. 퇴근길에 양복을 입고 그곳에 들른 내가 주방 용구를 살 의도가 전혀 없는 것 같이 보이기 때문일 것이다. 할아버지가 가끔 사랑방에 재워주던 체 장수의 이야기를 들먹인다. 대화를 트기 위해서다.

그랬었다. 어렸을 때에는 체 장수들이 둥그런 체를 여러 개 엮어서 등에 지고 이 고장 저 고장 돌아다니면서 팔았다. 아지랑이가 피어오르는 봄날 구불구불한 시골길을 등짐 진 체 장수가 걸어가는 모습은, 나비가 날개를 세우고 흐느적흐느적 아지랑이 속을 나는 듯한 환상을 불러일으키기도 했다.

“체를 사려. 부서진 체를 수선하려.”

조용하게 잠든 마을을 가로질러 퍼져나가는 소리는 꼬맹이들을 어머니들이 일하는 곳으로 달려가도록 만들었다.

“엄마, 체 장수 왔어. 부서진 체를 고치라고 해. 부서진 체 있다고 했잖아. 어디 있어. 내가 가지고 가서 고쳐올게.”

부서진 체를 가지고 가면 그는 귀신같이 고쳐 놓았다. 테가 고장 난 것은 테의 못을 몇 개 빼고는 두 손으로 테를 밀어 맞추었다. 몇 번 뚝딱뚝딱하면 체는 멀쩡해졌다. 체 망이 터진 것은 새 망으로 갈아 끼우고 또 몇 번 뚝딱뚝딱했다. 헌 체는 새것으로 변했다. 그 과정들은 무척 빨랐다.

우리들은 체 장수가 마술을 부린다고 생각하고 천막극장 안에서 본 서커스를 떠올렸다. 그때 본 서커스단 마술사의 손을 바라보듯 꼬맹이들의 까만 눈동자는 체 장수의 손놀림을 따라다녔다. 장차 저런 기술을 배워 대처로 나가고 싶은 꿈도 꿨다. 체를 등에 지고 나비같이 훨훨 날아 유유자적 전국을 돌아다니고 싶기도 했다.

저녁이 되면 체 장수는 우리 집을 찾아왔다. 할아버지는 싫지 않은 표정으로 맞이하곤 했다. 어머니는 두 분께 겸상으로 저녁밥을 차려주셨다. 두 분은 사랑채에서 세상 돌아가는 이야기를 두런두런 하시면서 저녁을 드셨다. 내가 숭늉을 들고 사랑채에 가면 할아버지는 자랑스러운 듯 나를 둘째 손자놈이라고 소개했다. 체 장수는 빙그레 웃으며 "그놈 똑똑하게 생겼군." 하면서 한 번씩 머리를 쓰다듬어 주셨다. 체 장수는 밥값 대신 체를 수선해 주었다. 수선할 것이 없으면 새 체를 내 놓았다. 그리고는 언제나 똑같은 말을 하고 우리 집을 떠났다.

"매번 이렇게 신세를 져서 어떻게 한대유."

지하상가의 체 장수는 무표정한 표정으로 구석에 세워놓은 철망 뭉치를 꺼내온다. 둘둘 말아놓은 철망을 하나 벗겨내고 땅바닥에 펴놓고 자로 잰다. 가위로 체 망을 만들 만큼의 크기로 자른다. 팔뚝근육들이 불뚝거린다. 얼굴 표정은 변함이 없고 땀도 흐르지 않는다. 그저 묵묵히 가위가 잘라가는 철망의 선을 따라 눈길이 옮겨갈 뿐이다. 체를 만드는 것을 바라보는 눈길은 내가 어렸을 적 체 장수의 손길을 바라보던 눈빛과는 분명히 달랐다. 그때는 선망의 눈빛이었으나 지금은 사라져가는 것에 대한 아쉬움이 깃든 눈빛이다. 그 자리를 뜬다.

집으로 돌아오는 도중 퇴락한 고향의 모습이 눈앞에 떠오른다. 과거에는 오십여 호의 집이 꽉 들어차 있던 마을이었다. 집집마다 사람들이 우글댔고, 말소리나 웃음소리, 아이들의 울음소리가 끊임없이 흘러나왔던 곳이었다. 지금은 이십여 호의 집만 듬성듬성 남아 있다. 그중 일부는 사람이 살지 않아서 무너진 상태로 있다. 사람이 사는 집에도 나이 많은 노인 혼자 사는 곳이 대부분이다. 온 동네가 낮이나 밤이나 쥐 죽은 듯이 조용하다.

문득 '무엇이 그런 변화의 시발점이 되었을까?' 하는 생각을 한다. 그것은 '체 장수가 아니었을까?' 하는 생각도 한다. 체와 함께 짊어지고 온 마술 피리 소리 같은 도시의 화려함이 고향 사람들을 취하게 만들어서 이웃들이 하나 둘 그를 따라 도시로 떠나기 시작한 것이 아닌가 하는 생각이 든 것이다.

의사도 아프다. 임만빈 의사가 전하는 삶의 변주곡

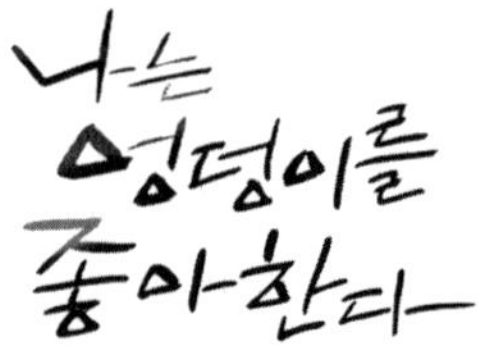

인　쇄 / 2013년 2월　6일
발　행 / 2013년 2월 15일

저　자 / 임 만 빈
발행인 / 서 정 환
발행처 / 수필과비평사

출판등록 / 1984년 8월 17일 제28호
주　소 / 서울시 종로구 삼일대로 32길 36
(익선동 30-6 운현신화타워 빌딩) 301호
전　화 / (02) 3675-5633, (063) 275-4000
팩　스 / (063) 274-3131
E-mail / essay321@hanmail.net

값 13,800원

ISBN 978-89-98524-17-3　03810